Die Macht des Loslassens

7 Effektive Techniken, um Aufzuhören, Zu Viel an die Vergangenheit zu Denken, Emotionale Wunden zu Heilen und die Freiheit (die Du Verdienst) zu Genießen, ohne zu Grübeln

Logan Mind

Copyright © 2024 - All rights reserved.

EMOTIONAL INTELLIGENCE

for Social Success

FREE DOWNLOAD: pxl.to/loganmindfreebook

LOGAN MIND

EXTRAS

https://pxl.to/LoganMind

Books

Workbooks

FREE GIFTS

Review Team

Audiobooks

Contacts

CLICK NOW!

@loganmindpsychology

Holen Sie sich Ihr kostenloses Buch!

Als Dankeschön für den Kauf von "The Power of Letting Go" freue ich mich, Ihnen eine weitere wertvolle Ressource absolut KOSTENLOS anzubieten. **Entdecken Sie** "Emotionale Intelligenz für sozialen Erfolg" und steigern Sie Ihren **Weg** zu emotionalem Wohlbefinden.

In diesem Angebot werden Sie erhalten:

- Einblicke in die effektive Bewältigung von Emotionen in sozialen Umgebungen
- Strategien zur Verbesserung Ihrer sozialen Fähigkeiten und zum Aufbau sinnvoller Verbindungen
- Techniken, um die Emotionen anderer zu erkennen und anzusprechen
- Praktische Tipps zur Reduzierung von Angst in sozialen Situationen
- Anleitung zur Verbesserung von Selbstwahrnehmung und Selbstregulierung

Wenn Sie bestrebt sind, Ihre sozialen Interaktionen und emotionale Widerstandsfähigkeit zu verbessern, sollten Sie sich dieses kostenlose Buch sichern.

So geht's:

- Folgen Sie dem unten stehenden Link
- Klicken Sie auf KOSTENLOSES Buch
- Wählen Sie Ihre Sprache
- Downloaden!

Um sofort auf Ihr kostenloses Buch zugreifen zu können, besuchen Sie:

https://pxl.to/LoganMind

Viel Spaß beim Lesen und setzen Sie Ihr Streben nach emotionaler Freiheit und sozialem Erfolg fort!

Wie man seine Extras herunterlädt

Stellen Sie sich vor, dass Sie das volle Potenzial Ihres emotionalen Wohlbefindens mit exklusiven Werkzeugen entfesseln, die die in diesem Buch diskutierten Techniken ergänzen und erweitern. Diese Extras sind unverzichtbare Begleiter, die Sie nicht verpassen möchten, um Ihr Verständnis zu vertiefen und die umsetzungsorientierte Anwendung der Strategien, über die Sie lesen werden, zu vertiefen. Sie bieten unmittelbare, praktische Vorteile, die Ihnen helfen werden, Klarheit zu gewinnen, Ängste zu reduzieren und die Freiheit zu kultivieren, die Sie verdienen.

Hier ist ein kurzer Überblick darüber, was Sie erwartet:

- **Ein herunterladbarer und praktischer PDF-21-Tage-Challenge — im Wert von 14,99 USD**: Dieser Schritt-für-Schritt-Leitfaden bietet tägliche Handlungen und Reflexionen, um Schwung aufzubauen, Ihre neuen Gewohnheiten zu festigen und Fortschritte greifbar zu machen.
- **101+ Mantras zur Freisetzung emotionaler Lasten**: Beleben Sie Ihren Tag und verändern Sie Ihre Denkweise mit einer kraftvollen Sammlung von Mantras, die speziell zur Bewältigung emotionaler Verletzungen und negativer Spiralen erstellt wurden.
- **Wesentliche Werkzeuge zur emotionalen Regulation — im Wert von 9,99 USD**: Erhalten Sie Zugang zu wesentlichen Werkzeugen und Übungen zur Aufrechterhaltung emotionaler Stabilität und zum Aufbau von Widerstandsfähigkeit, um die Herausforderungen des Lebens zu überwinden.
- **Bonus: Emotionale Intelligenz für sozialen Erfolg — im Wert von 14,99 USD**: Heben Sie Ihre

zwischenmenschlichen Beziehungen und sozialen Interaktionen mit einem praktischen Leitfaden an, der Ihre emotionale Intelligenz für erfüllendere und ausgewogenere Verbindungen verbessert.

Diese ergänzenden Ressourcen sind darauf ausgelegt, Ihnen zusätzliche Unterstützung und Anleitung zu bieten. Sie werden Ihren Fortschritt beschleunigen und die Prinzipien dieses Buches nicht nur zu theoretischen Konzepten, sondern zu gelebten Erfahrungen machen.

So starten Sie mit Ihren Extras:

- **Folgen Sie dem unten stehenden Link**
- **Klicken Sie auf das Buchcover**
- **Klicken Sie auf EXTRAS**
- **Geben Sie die Sprache ein, die Sie sprechen**
- **Klicken Sie auf Download**
- **Laden Sie von der sich anschließenden Seite herunter**

Schauen Sie sich die Extras hier an:

https://pxl.to/LoganMind

Interessiert an anderen Büchern?

Während *dieses Buch* Sie mit transformierenden Techniken ausstattet, um das übermäßige Nachdenken zu stoppen und voranzukommen, ist es nur ein Teil des Puzzles. Sich mit verwandten Themen auseinanderzusetzen kann Ihr neues Denken und emotionale Freiheit weiter festigen. Die Beschäftigung mit anderen Themen wird ein breiteres Verständnis und einen umfassenderen Ansatz für das allgemeine Wohlbefinden bieten.

Erwägen Sie, ein paar andere wichtige Themen zu erkunden:

- **Achtsamkeit**: Das Lernen, im Moment zu leben, ist entscheidend, um das übermäßige Nachdenken zu lindern. Mein demnächst erscheinendes Buch, "Im Jetzt: Meistern der Achtsamkeit", erforscht effektive Praktiken, die Sie trainieren, präsent zu bleiben, Stress zu reduzieren und jeden Moment zu schätzen. Es dient als perfekter Begleiter, um Ihr Bewusstsein zu vertiefen und Ihren Fokus zu stärken.
- **Emotionale Intelligenz**: Die Entwicklung eines erhöhten emotionalen Bewusstseins kann ein Spielwechsler für die Heilung emotionaler Wunden sein. "Emotionsklug: Verbesserung Ihrer emotionalen Intelligenz für bessere Beziehungen und Erfolg" untersucht Techniken, um Ihre Emotionen zu erkennen, zu verstehen und zu steuern. Es ergänzt **die aktuellen Lehren, indem** es Sie mit Fähigkeiten ausstattet, gesündere Interaktionen und persönliches Wachstum aufzubauen.
- **Selbstmitgefühl**: Viele, die Schwierigkeiten haben loszulassen, haben auch Schwierigkeiten mit der Selbstvergebung. "Herzliches Mitgefühl: Selbstliebe und Akzeptanz" ist darauf ausgelegt, Sie durch den Prozess zu führen, freundlicher zu sich selbst zu sein. Die angebotenen

Werkzeuge können den Fortschritt, den Sie gemacht haben, verstärken und einen ganzheitlichen Weg zum emotionalen Wohlbefinden schaffen.

Diese Bücher sind entweder bereits erschienen oder werden in Kürze eintreffen. Sie sind mit derselben Hingabe und Tiefe geschrieben, um sicherzustellen, dass sie einen erheblichen Wert für Ihre Bemühungen zur Selbstverbesserung bieten.

Wenn Sie an anderen Themen interessiert sind, erkunden Sie gerne die Vielfalt meiner Bücher. Sie sind darauf ausgelegt, verschiedene Aspekte des mentalen und emotionalen Wohlbefindens anzugehen, um sicherzustellen, dass für jeden etwas Nützliches dabei ist.

Schauen Sie sich die Bücher und Kontakte hier an:

https://pxl.to/LoganMind

Folgen Sie dem unten stehenden Link

Klicken Sie auf Alle Meine Bücher

Greifen Sie zu denjenigen, die Sie interessieren.

Falls Sie mit mir in Kontakt treten möchten, finden Sie alle Kontakte am Ende des unten stehenden Links.

Befähigen Sie sich selbst mit dem Wissen und den Werkzeugen, die mit Ihrem einzigartigen Weg resonieren.

Werde Teil meines Rezensionsteams!

Vielen Dank, dass du mein Buch gelesen hast! Ich würde gerne dein ehrliches Feedback haben, und was gibt es besseres, als dir ein kostenloses Exemplar meines Buches anzubieten? Wenn du ein begeisterter Leser bist, erwäge, meinem Rezensionsteam beizutreten, um jedes Mal, wenn ich ein neues Buch veröffentliche, Vorabrezensionsexemplare (**ARCs**) zu erhalten.

So kannst du beitreten:

- Klicke auf den Link oder scanne den **QR-Code**.
- Klicke auf das Buchcover auf der Seite, die sich öffnet.
- Klicke auf "Rezensionsteam beitreten".
- Melde dich bei **BookSprout** an.
- Du wirst jedes Mal benachrichtigt, wenn ich ein neues Buch veröffentliche.

Schau dir das Team hier an:

https://pxl.to/LoganMind

Einführung

"Heute ist das Morgen, um das du dich gestern gesorgt hast." — Dale Carnegie

Ist es nicht faszinierend, wie unsere Gedanken sich in eine endlose Spirale von Gedanken verstricken können, indem sie sich um Dinge aus der Vergangenheit sorgen und dabei die Gegenwart vernachlässigen? Ich habe Jahre damit verbracht, Menschen dabei zuzusehen, wie sie mit diesem Problem kämpfen, geplagt von Gedanken, die oft keine Auswirkungen auf ihre aktuelle Realität haben. Wenn du hier bist, bedeutet das, dass du vielleicht in dieselbe Falle getappt bist, die mit dem übermäßigen Nachdenken und dessen verheerenden Auswirkungen auf dein emotionales Wohlbefinden einhergeht.

Wir alle haben diese Momente, in denen wir uns fragen *oh nein...hätte ich das sagen sollen?*, und sie immer wieder wie eine kaputte Schallplatte abspielen. (Schuldig im Sinne der Anklage.) Mein Ziel mit diesem Buch ist einfach: dich aus diesem mentalen Labyrinth herauszuführen und dir zu helfen, die Freiheit zurückzugewinnen, nach der du dich gesehnt hast—ohne die endlosen Grübeleien. Klingt gut, oder?

In meinen geschäftigen Büros und während herzlicher Coaching-Sitzungen habe ich Menschen gesehen, die Ketten brechen, die nur sie wahrnehmen konnten. Seelen, die von Ängsten, Bedauern und einigen ziemlich üblen emotionalen Wunden gefesselt waren. Es ist völlig natürlich, diese Gefühle zu haben (glaub mir, du bist nicht allein), aber sie zu erkennen ist der erste Schritt zu einem besseren, ruhigeren Geist.

Lass uns nun die Bühne bereiten. Es ist wichtig zu verstehen, was genau in unseren Köpfen vorgeht—deshalb Teil 1: *Das Verstehen der Ketten*. Kommt dir übermäßiges Nachdenken bekannt vor? Ja, genau da fangen wir an. Es ist dieses komplexe Biest, das uns in eine endlose Schleife von Zweifeln und Negativität stürzt. Und fangen wir gar nicht erst mit diesem inneren Kritiker an—derjenige, der sicherstellt, dass wir keinen einzigen Fehler vergessen.

Aber das Ding ist, wenn wir übermäßig nachdenken und unsere Sorgen wie einen schlechten Kaugummi kauen, hat das einen hohen Preis—emotionale Gesundheit. Hast du überhaupt realisiert, dass diese schlaflosen Nächte und diese ständige Unruhe Symptome dieser tief verwurzelten Probleme sein können? Das zu erkennen ist entscheidend (ernsthaft, es zu ignorieren wird es nur schlimmer machen).

Hast du jemals darüber nachgedacht, warum bestimmte Ängste und Sorgen uns ständig begleiten? Nun, Kapitel 2 geht auf die Ursprünge dieser lästigen Ängste ein. Spoilerwarnung—sie sind oft mit unseren übermäßigen Nachdenkgewohnheiten verflochten. Für diejenigen unter euch, die sich fragen *warum* Emotionen so handeln, wie sie es tun, erklärt dieser Teil die Grundlagen der Furchtreaktionen und deren offensichtliche Verbindungen zur Angst. Sich mit diesen Konzepten auseinanderzusetzen, kann uns auf den Weg bringen, unsere Kernunsicherheiten anzugehen.

Dann kommt der saftige Teil—emotionale Wunden. Vergangene Verletzungen, die jeden unserer Gedanken und Stimmungen beeinflussen (...ja, die Zeiten in der Schule, in denen wir uns blamiert haben, oder diese chaotischen Trennungen). Solche Altlasten können das Leben unnötig schwer machen. Unsere Gedanken werden in unaufhörliche negative Spiralen gezogen und formen unsere gesamte Weltanschauung. Kapitel 3 könnte hier ein Augenöffner sein—vorausgesetzt, du bist mutig genug, in deine emotionalen Wunden zu schauen und die Tür zur Genesung einen Spalt breit zu öffnen.

Im zweiten Teil dreht sich alles um *Vorbereitung auf Veränderung*. Dies ist das Aufwärmprogramm, bevor du dich den großen Dingen stellst. Ich habe einige leicht umsetzbare Techniken entwickelt, um das Selbstbewusstsein aufzubauen. Dies ist ein wesentlicher Teil, um deinen endlosen Gedankenstrom zu verstehen. (Ich verspreche, die Selbstbewusstseinstechniken sind überhaupt nicht langweilig.) Das Erkennen deiner destruktiven Denkmuster bringt dich bereits zur Hälfte auf dem Weg zum Sieg. Vertrau mir, diese Techniken wirken Wunder.

Ich bin ein großer Verfechter des *Umdenkens und Umstrukturierens von Gedanken* (deshalb Kapitel 5). Es ist wie Töpfern—du formst den Ton zu einer schönen Vase. Wir formen chaotische Gedanken in produktive um. Hast du schon einmal von der Kognitiven Verhaltenstherapie (KVT) gehört? Sie ist wie eine geheime Waffe, um diese negativen Gedanken zu enthaupten. Und das ABC-Modell (Aktivierendes Ereignis, Glaube, Konsequenz)—wir werden diese mit gemütlichen, alltäglichen Beispielen erklären.

Kapitel 6 in diesem Abschnitt behandelt *Emotionale Regulation.* Es ist unglaublich befriedigend zu sehen, wie meine Klienten Techniken der Dialektisch-Behavioralen Therapie (DBT) oder Prinzipien der Akzeptanz- und Commitment-Therapie (ACT) anwenden. Sie bauen eine robuste emotionale Widerstandsfähigkeit auf. Bodenungstechniken, progressive Muskelentspannung...das mag klingen, als käme es direkt aus einem Science-Fiction-Film, aber es sind praktische Werkzeuge, um deinen entgleisten Geist zu verankern.

Loslassen üben im dritten Teil ist der Moment der Wahrheit. Hier geht es um den täglichen Kampf. Kapitel 7 stellt Techniken für sofortige mentale Erleichterung vor. Es gibt etwas Unbestreitbar Befriedigendes an direkten Lösungen—Gedankenstopp, Expositionstherapie, Techniken der Emotionalen Freiheit (EFT). Sie bringen dich schnell wieder in die Kontrolle.

Für die langfristige Perspektive ist Kapitel 8 dein Arsenal. Stell dir vor, diese Techniken werden zu Gewohnheiten—wie großartig wäre es, wenn deine negativen Denkmuster in den Wind zerstreut würden? Du wirst Indikatoren (persönliche Auslöser) und eine individuelle Planung lernen, um Rückfälle abzuwehren (es ist wie ein Alarm für unsere Gedanken zu setzen).

Schließlich wird Kapitel 9, *Freiheit umarmen und voranschreiten*, deine Schatzkiste sein, gefüllt mit Momenten zum Feiern und Werkzeugen, um zukünftige Herausforderungen direkt anzugehen. Stell dir ein Leben vor, das weniger von ständigen Grübeleien belastet ist—leider für viele schwer zu erreichen, aber für dich absolut machbar. Du bist befähigt, jede neue Herausforderung anzunehmen und die Freiheit zu genießen, die du verdienst.

Also, warum mir glauben? Durch Jahre des Coachings, der Unternehmensberatung und des Schreibens über Psychologie und Philosophie habe ich fast jede Schattierung menschlichen Verhaltens gesehen. Die Arbeit mit einigen der führenden Unternehmen der Welt, das Mentoring von Führungskräften—ich habe diese Techniken und Strategien gelebt und geatmet. Meine Leidenschaft beschränkt sich nicht nur auf die Theorie—ich setze sie auch um.

Da ist es... *Die Kraft des Loslassens* ist nicht nur ein weiterer Ratgeber-Titel; es ist deine Landkarte zu einem freieren Geist, klareren Gedanken und einem emotionalen Wohlbefinden, das du für unmöglich gehalten hast. Diese Reise, die wir gemeinsam antreten werden, geht direkt zum Kern deines Wesens, tief in Facetten, die du nur oberflächlich gestreift haben könntest. Also, warum warten?

Beginne mit Kapitel 1, um das komplexe Labyrinth der Gedanken zu enträtseln, und lass uns das seelische Gleichgewicht erreichen, das du begehrst. Mit jeder Seite, jeder Übung und jedem Moment der Selbstbetrachtung bist du einen Schritt näher daran, loszulassen und mit der Freiheit zu leben, die du wirklich verdienst.

Teil 1: Das Verstehen der Ketten

Kapitel 1: Die Falle des Überdenkens

"**Überdenken** ist die Kunst, Probleme zu schaffen, die gar nicht existierten."

Lass uns über **Überdenken** sprechen. Es ist etwas, das wir alle machen, oder? Diese Nächte, in denen dein Verstand einfach nicht *aufhört*. Ob du nun ein altes Gespräch analysierst oder über die Zukunft grübelst, wir stecken in diesem erschöpfenden Zyklus fest.

Dieses Kapitel, "Die Falle des Überdenkens", soll beleuchten, warum diese Gewohnheit so hinterlistig und, ganz ehrlich, ermüdend sein kann. Wusstest du, dass eine Person im Durchschnitt etwa 70.000 Gedanken pro Tag hat? Das ist eine Menge Gehirnleistung! Wir werden die **Endlose Gedankenschleife** erkunden - was diese Gedanken in unseren Köpfen hin- und herspringen lässt...

Glaub es oder nicht, ein großer Mitspieler hier ist das, was wir den **Inneren Kritiker** nennen. Kennst du diese kleine Stimme, die dir immer sagt, dass du nicht gut genug bist? Ja, genau die. Dieses Kapitel wird auch auf die **Emotionale Belastung des Wohlbefindens** eingehen, denn, mal ehrlich, es ist *anstrengend*, so viel in deinem Kopf zu sein.

Die Symptome zu erkennen ist der erste Schritt zur Befreiung. Also, **Symptome erkennen**... das Gefühl, festzustecken, ständiges Sorgen oder vielleicht einfach ein allgemeines Gefühl von Burnout, das sind alles Hinweise. Und das Beste daran? Wir werden uns auch mit dem **Durchbrechen des Zyklus** beschäftigen.

Bereit weiterzulesen? Bevor du es merkst, könntest du Frieden vom Sturm in deinem Kopf finden... und letztendlich, ein klarerer, fokussierterer du. Mach weiter!

Die endlose Gedankenschleife

Hast du dich jemals dabei erwischt, dass du immer wieder über dasselbe Problem nachdenkst? Wie wenn du ständig ein altes Video in deinem Kopf abspielst – über jenen Moment nachgrübelst, in dem du etwas Peinliches gesagt hast oder nicht das getan hast, was du hättest tun sollen. Es ist ziemlich verbreitet, obwohl es sich wirklich wahnsinnig anfühlt.

Was passiert, wenn wir grübeln oder Dinge überdenken, ist, dass wir in **wiederkehrenden negativen Gedankenschleifen** steckenbleiben. Diese Gedanken konzentrieren sich oft auf vergangene Ereignisse, die wir nicht ändern können. Und wie sie es lieben, genau dann aufzutauchen, wenn wir versuchen einzuschlafen oder uns auf etwas Wichtiges konzentrieren müssen. Angenommen, du hast vor einem Jahr einen Fehler bei der Arbeit gemacht; anstatt es loszulassen, spielst du es immer wieder in deinem Kopf ab. Jedes winzige Detail, jeder Blick, den dir jemand zuwarf... Es ist wie deine eigene Horrorshow, die sich immer wiederholt. Dieses ständige Wiedererleben hält die Wunde frisch, ohne sie jemals wirklich heilen zu lassen.

Du fängst an, die Gegenwart zu verpassen. Es ist, als wärst du körperlich hier, aber geistig ganz woanders. Jemand spricht möglicherweise mit dir, aber du hörst nicht wirklich zu, weil du damit beschäftigt bist, etwas zu überdenken, das vor langer Zeit passiert ist. Es hat einen enormen Einfluss auf deine Fähigkeit, im Hier und Jetzt präsent zu sein. Warst du schon einmal auf einer Party und anstatt dich zu amüsieren, konntest du nur an diese peinliche Sache denken, die du letzten Monat gemacht hast? Das passiert, wenn wir uns nicht auf die Gegenwart konzentrieren können.

Es ist ein so verworrenes Durcheinander. Wiederkehrende Gedanken ziehen dich immer wieder zu dem zurück, was dich stört, und du könntest anfangen zu glauben, dass die Dinge schlimmer sind, als sie wirklich sind. Du gerätst in eine endlose Schleife, fast wie auf einem Karussell, das nie anhält. Es raubt die Freude aus dem

Moment und zerstört jede Chance auf Frieden. Du kannst die Vergangenheit nicht ändern, aber hier bist du, und gibst all deine geistige Energie dafür aus.

Manchmal realisierst du, dass du nicht darauf geachtet hast, was um dich herum passiert, weil du zu sehr in deiner Schleife gefangen bist. Wir verpassen, was tatsächlich passiert – kleine Freuden, neue Möglichkeiten, Verbindungen zu anderen. Es ist wirklich schwer, präsent zu sein, weißt du? Hast du bemerkt, wie viel einfacher es ist, Dinge zu genießen, wenn dein Verstand nicht von vergangenen Fehlern oder Bedauern getrübt ist?

Überdenken fängt uns ein, weil es scheint, als würden wir an einem Problem arbeiten, aber oft tun wir das nicht. Wir erleben die Dinge wieder, die uns verletzt haben, ohne dabei Fortschritte zu machen. Wie auf einem Laufband zu sein, zu rennen, aber nirgendwohin zu gelangen. Überdenken ist verführerisch; es gibt dir die Illusion von Aktivität, während es dich an derselben Stelle festhält.

Hier ist etwas Wichtiges:

"Der Verstand wird oft sagen: 'Lass uns das noch einmal durchdenken', als ob das erneute Nachdenken dich schützen würde. Aber in Wirklichkeit ist es die Art deines Verstandes, das zu vermeiden, was wir durchgemacht haben."

Unsere Gehirne scheinen darauf programmiert zu sein, auf diese Gedanken zurückzukommen, fast so, als ob sich in diesem Durcheinander etwas Kritisches versteckt, das wir übersehen haben. Und so geht es weiter, was es uns schwer macht, im Moment zu leben.

Ein guter Weg, um voranzukommen, ist *zu prüfen, ob diese Gedanken* einen wirklichen Zweck erfüllen. Helfen sie uns, ein Problem zu lösen oder machen sie uns nur unglücklich? Das ist eine Frage, die es sich zu stellen lohnt. Denn wenn es dich nur herunterzieht, ist es vielleicht an der Zeit, von diesem mentalen

Laufband abzusteigen und im Leben präsent zu sein, das du gerade lebst.

Hauptpunkte:

- Diese negativen Schleifen helfen selten, Probleme zu lösen.
- Konstante Wiederholung vergangener Fehler bedeutet verpasste gegenwärtige Momente – einige davon könnten ziemlich großartig sein!
- Es ist schwer, aber notwendig, sich von diesen Mustern zu lösen, wenn wir das Leben genießen wollen.

Wie befreien wir uns? Es beginnt damit zu erkennen, dass diese Gedanken nicht helfen. Dann, wann immer du bemerkst, dass du in dieser Schleife festhängst, erinnere dich sanft daran, zum Moment zurückzukehren. Konzentriere dich auf das, was um dich herum ist. Es ist eine Übung – es braucht Zeit – aber es lohnt sich.

Hoffentlich hat dir das etwas zum Nachdenken gegeben... aber nicht zum Überdenken, oder?

Die Rolle des inneren Kritikers

In unserem Leben erscheint diese innere Stimme, die ständig Meinungen und Kritik anbietet, oft laut und unvermeidlich. Dies ist der "innere Kritiker", ein Teil von uns, der alles beurteilt, was wir tun. Harter Selbsturteil, mit seiner unermüdlichen Negativität, erhöht unsere Aufmerksamkeit auf Ängste und Unsicherheiten - so ähnlich wie ein wirklich strenger Coach, der immer auf Ihrem Rücken ist.

Ich glaube, wir alle hatten Momente, in denen die Selbstkritik außer Kontrolle geraten ist. Sie könnten anfangen, alles zu zerpflücken: wie Sie ein Gespräch geführt haben, was Sie getragen haben oder sogar Ihre Wahl des Frühstücks. Es ist wie eine kaputte Schallplatte, die einfach nicht aufhören will zu spielen. Wenn der innere Kritiker Ihre Ängste und Unsicherheiten verstärkt, lässt er Sie sogar an den

Dingen zweifeln, von denen Sie vor fünf Minuten noch sicher waren. "War meine Präsentation gut genug?" "Mag mich eigentlich jemand?" Diese Fragen scheinen lächerlich, wenn sie einfach ausgesprochen werden, aber unter der Prüfung des inneren Kritikers werden sie zu bedrohlichen Monstern.

Dem Nachgeben dieser Negativität tut oft mehr Schaden, als wir uns bewusst machen. Es führt uns auf einen Weg, auf dem Zweifel jeden Schritt beschatten, und schon bald fühlt sich alles an, als könnte es zusammenbrechen. Wenn Sie zum Beispiel immer Ihre Arbeit kritisieren, übersehen Sie die Anerkennung dessen, was Sie richtig gemacht haben - die Leistungen mit Negativität überschattend.

"Es ist einfach, hart zu sich selbst zu sein...weil es manchmal so scheint, als ob das Überleben davon abhängt, als ob, wenn Sie nicht wachsam bleiben, alles auseinanderfallen wird."

Ich weiß, dass dieses beklemmende Gefühl ernsthaft Ihr Selbstvertrauen zerstören kann. Tag für Tag zermürbt der innere Kritiker Ihren Glauben an sich selbst. Wenn diese Stimme immer wieder von Versagen und Unwert spricht, fangen Sie an, Ihre Talente, Ihre Ambitionen, sogar Ihren Wert als Person in Frage zu stellen. Es ist kein Wunder, dass viele Menschen unter dieser Last gelähmt sind.

Kleine Erfolge sind immer noch Siege. Indem Sie dem inneren Kritiker die Kontrolle überlassen, minimieren Sie diese Erfolge, was oft zu einem weniger erfolgreichen oder angenehmen Leben führt. Selbstvertrauen ist kein sofortiger Sieg; es baut sich mit jedem positiven Selbstlob auf.

- **Achtsam sein**: Manchmal kann es helfen, sich in einer Negativitätsspirale zu erkennen, um den Kreislauf zu durchbrechen. Halten Sie einen Moment inne, wenn dieser Kritiker auftaucht, und fragen Sie sich, ob die Stimme fair ist.

- **Annahmen herausfordern**: Warum annehmen, dass die Präsentation ein Reinfall war? Die Idee könnte eher in Selbstkritik als in der Realität verwurzelt sein.
- **Erfolge feiern**: Warten Sie nicht auf große Siege. Feiern Sie auch kleine, denn sie schaffen einen Schutzschild gegen die unerbittliche Negativität.

Ehrlich gesagt, regelmäßige Selbstmitgefühl-Übungen können fast schon revolutionär wirken. Über diese Gewohnheiten hinwegzukommen erfordert einen fortlaufenden, bewussten Einsatz. Es mag redundant klingen, aber sich selbst mit Freundlichkeit zu behandeln sollte zur Routine werden. Ihr innerer Kritiker wird weniger Macht haben, wenn Sie absichtlich Selbstanerkennung und Freundlichkeit praktizieren.

Also, an dich, der dies liest, lassen Sie uns unsere inneren Kritiker nicht auf "automatisch" stellen und öfter 'pause' drücken. Es ist nicht immer einfach, und es verwandelt sich sicherlich nicht über Nacht in Regenbogen, aber auch kleine Veränderungen können dazu beitragen, diese kritische Stimme zu dämpfen. Und diese kleinen Veränderungen? Sie sind von großer Bedeutung.

Emotionaler Tribut an das Wohlbefinden

Lassen Sie uns das Problem des Überdenkens und wie es unser **emotionales Wohlbefinden** durcheinanderbringt, angehen. Überdenken fordert sicherlich seinen Tribut. Zunehmender **Stress** und **Angst** sind im Allgemeinen die ersten Anzeichen dafür, dass Sie tief drinstecken. Denken Sie zurück, als Sie ununterbrochen über etwas Kleines besorgt waren, einfach nicht loslassen konnten... der Stress, nicht wahr? Mann, dieser Stress scheint sich in alles einzuschleichen, was Sie tun, oder?

Und mit Stress kommt sein lästiger Freund: Angst. Zweifel tauchen über die kleinsten Entscheidungen auf, die Sie unsicher fühlen lassen. Machen Sie es schlimmer? Es fühlt sich endlos an. Der **emotionale Tribut** wird schwerer, als würde man Steine in einen Rucksack packen.

Als nächstes müssen wir über den Weg sprechen, den dies einschlägt: Gefühle von Hilflosigkeit und Verzweiflung. Klingt vertraut? Wenn man in einem Überdenkmuster feststeckt, fühlt man sich manchmal einfach "blockiert". Alles fühlt sich überwältigend an, und es ist ein schneller Rutsch in das Gefühl, dass man nichts kontrollieren kann. Dies ist nicht nur eine kleine Stimmungsschwankung... es ist tiefer. Es zieht einen herunter, und plötzlich scheint die Welt von Problemen durchzogen zu sein, die unmöglich zu lösen scheinen. Es ist, als würde man jeden Tag gegen einen unsichtbaren Feind kämpfen.

„Und wie beeinflusst es dich auch physisch—unsere Köpfe und Körper sind stärker miteinander verbunden, als wir zugeben möchten." Zunehmende Sorgen führen zu allerlei physischen Anzeichen; Kopfschmerzen, schlaflose Nächte, sogar der gefürchtete anhaltende Magenverstimmung. Der Körper kann unter häufigem Stress nicht anders, als diese emotionalen Kämpfe greifbar werden zu lassen. Haben Sie schon einmal versucht, einen guten Tag nach einer schlaflosen Nacht zu haben? Fast unmöglich.

Oh, und lassen Sie uns über diese erhöhten Stresshormone sprechen. Wenn Sie im ständigen Überdenkmodus sind, sendet Ihr Gehirn zahlreiche Stresssignale aus, die die Produktion von Cortisol erhöhen. Ständig erhöhtes Cortisol ist schlechte Nachrichten für Ihre Gesundheit; es kann zu hohem Blutdruck, erhöhter Fettablagerung... führen. Nicht die Art von Dingen, die Sie an Bord haben wollen.

Hier ist ein Gedanke: Beachten Sie, wie sich physische Symptome zurückbilden—je weniger Sie sich stressen, desto besser fühlen Sie sich auch physisch. Es ist erstaunlich, wie schnell sich unsere Körper wieder zentrieren können, wenn unsere Gedanken einen gesünderen, weniger hektischen Weg einschlagen.

Wollen Sie einige sofort umsetzbare Tipps? Okay, los geht's:

- **Atmen Sie tief ein:** Super einfach, aber kann unglaublich erdend sein.
- **Körperliche Bewegung:** Sie brauchen kein ausgewogenes Training; ein flotter Spaziergang kann helfen, die wirbelnden Gedanken zu klären.
- **Schreiben Sie es auf:** Ihre Sorgen auf Papier zu bringen kann die Dinge klären und den mentalen Wirbel verlangsamen.

"Es geht darum, Fortschritte zu machen, wie klein sie auch erscheinen mögen; jeder Schritt zählt."

Auch ein Dank an unsere Körper—so widerstandsfähig und doch so schnell, um uns zu warnen. Wenn Ihr Gehirn überlastet ist, hören Sie zu. Beachten Sie diese Stresssignale. Sie winken mit Flaggen, die aus gutem Grund unsere Aufmerksamkeit erregen wollen. Der Verstand hinkt hinterher und dann stolpert der Körper, wie Dominosteine, die nacheinander fallen sollen.

Das Verstehen dieser Auswirkungen mag keinen Jobaufschwung auslösen oder uns von jeder einzelnen Sorge befreien... aber es ist ein Ausgangspunkt. Strategien, die nach und nach in Bewegung gesetzt werden, gewinnen kleine Schlachten. Wir bauen unsere Tage bewusster, aufmerksamer wieder auf.

Also, lassen Sie uns dieser Idee näherkommen: Überdenken dient keinem Herrn und sicherlich nicht uns. Lassen Sie uns beginnen, seinen **emotionalen Tribut** zu verstehen, seine invasive Reichweite in unser Leben, unser Fühlen und (versuchen zu) gedeihen. Langsam nähern wir uns der Anerkennung, wie einschneidend das ist, und lassen uns Stück für Stück davon lösen.

Erkennen der Symptome

Überdenken kann auf subtile Weise über Sie hereinbrechen, ohne dass Sie es zunächst vielleicht bemerken. Wenn Sie jemals in anhaltender Sorge und Zweifel gefangen waren, sind Sie nicht allein. Es ist, als gäbe es diese kleine Stimme im Hinterkopf, die nie aufhört zu reden. "Was ist, wenn ich das falsch gemacht habe? Hätte ich es anders machen sollen?" Die quälenden Gedanken drehen sich immer weiter, wie ein Karussell. Sie beanspruchen Ihre geistige Energie und lassen Sie sich erschöpft fühlen, bevor Sie überhaupt Ihren Tag beginnen. Sorgen und Zweifel können Sie zermürben und jede Entscheidung als monumental erscheinen lassen, und glauben Sie mir, das macht keinen Spaß.

Aber das ist nicht alles, was Überdenken bewirkt. Es beeinträchtigt auch Ihren Schlaf. Das Durchdenken jeder möglichen Perspektive in Ihrem Kopf hält Sie einfach wach – Schlafen? Schade, diese Gedanken haben andere Pläne. Sie könnten sich dabei erwischen, wie Sie sich hin- und herwälzen, der Geist will einfach nicht abschalten. Je mehr Sie versuchen zu schlafen, desto mehr schleichen sich diese Gedanken wieder ein. Schlafstörungen betreffen nicht nur das Einschlafen; es geht auch darum, durchzuschlafen und erholsamen Schlaf zu bekommen. Wenn Sie sich nicht richtig ausruhen können, gerät Ihr ganzer Tag durcheinander. Sie könnten sich benebelt fühlen, und es wird zu einer mächtigen Aufgabe, Arbeit oder Schule durchzustehen. Der Kreislauf hält an; Schlafmangel macht Sie anfälliger für Überdenken, und Überdenken wiederum beeinträchtigt Ihren Schlaf noch weiter.

Dann gibt es noch die Schwierigkeit, Entscheidungen zu treffen. Wenn Sie in einem Netz des Überdenkens gefangen sind, kann jede Wahl, egal wie klein, beginnen, sich wie Leben und Tod anzufühlen. Vielleicht stehen Sie in Ihrem Vorratsschrank und überlegen länger, welches Müsli Sie zum Frühstück haben sollen, als es tatsächlich zu essen (waren wir nicht alle schon einmal dort?). Das Abwägen von Vor- und Nachteilen kann lähmend sein. Möglicherweise glauben Sie, die falsche Entscheidung zu treffen, fürchten die Reue von morgen und es fühlt sich sicherer an, einfach eingefroren dazustehen und überhaupt nichts zu tun.

"Überdenker verstricken sich oft in endlosen Schleifen auf der Suche nach der perfekten Entscheidung und zweifeln an jeder Wahl, die sie treffen."

Es dreht sich alles um das Feststecken in endlosen Zyklen von "Was wäre, wenn?" und "Soll ich?". Sie werden ängstlich, zu handeln, vorwärts zu gehen. Wenige Stunden verrinnen, und bevor Sie es wissen, ist der ganze Tag vorbei. Ihre Produktivität leidet, Beziehungen könnten beginnen zu leiden, und es kann sich isolierend anfühlen – als ob nur Sie mit diesem Mist kämpfen, wenn das wirklich weit von der Wahrheit entfernt ist.

Das Erkennen dieser Symptome ist der erste Schritt (nicht nur so gesagt). Wenn Sie viel besorgt sind, schlecht schlafen können, Schwierigkeiten haben, Entscheidungen zu treffen, ist es vielleicht an der Zeit, sich diesen Dingen direkt zu stellen. Sie müssen nicht schweigend leiden oder denken, dass Sie einzigartig darin sind – wir alle waren schon einmal dort.

- ***Anhaltende Sorge und Zweifel***
- ***Schlafstörungen***
- ***Schwierigkeiten bei der Entscheidungsfindung***

Sie sind Schritte, die Ihnen zeigen, wo die Veränderungen nötig sind. Allein indem Sie diese Symptome bemerken, machen Sie bereits bedeutende Fortschritte, denn Selbstwahrnehmung ist der Ausgangspunkt, um voranzukommen.

Sich zu verpflichten, das Überdenken zu stoppen, mag im Moment wie eine gewaltige Aufgabe erscheinen, aber kleine Veränderungen können viel bewirken. Jeder kleine Schritt zählt.

Den Kreislauf durchbrechen

Müde davon, wie dein Gehirn wild mit negativen Gedanken umgeht? Es ist erschöpfend, oder? Also lass uns herausfinden, wie wir diese lästigen negativen Gedanken herausfordern können, die einfach nicht aufhören. Wenn diese kleine Stimme in deinem Kopf dir sagt "Ich bin nicht gut genug", ist es an der Zeit, sich zu äußern (auch wenn nur in deinem Kopf). Sag zu dir selbst: "Das ist einfach nicht wahr." Denke an all die Zeiten, in denen du das Gegenteil bewiesen hast (du weißt, du hast irgendwo Beweise dafür).

Hier ist ein einfacher Trick: immer wenn du bemerkst, dass ein negativer Gedanke auftaucht, frage dich: "Würde ich das zu meinem besten Freund sagen?" Wenn die Antwort "auf keinen Fall" ist, ist es wahrscheinlich an der Zeit, nachzugeben. Diese Art des Selbstgesprächs hilft zu erkennen, dass nicht jeder Gedanke, den wir haben, die absolute Wahrheit ist.

Dann gibt es Achtsamkeit. Stelle dir vor, du bist genau hier, in diesem Moment, ohne diesen peinlichen Moment von letzter Woche erneut abzuspielen oder dich um das große Meeting von morgen zu sorgen. Achtsamkeit bedeutet, im Hier und Jetzt zu bleiben und sich darauf zu konzentrieren, was gerade passiert. Anstatt in einem Ozean von Sorgen abzudriften (klingt aber irgendwie nett, oder?), konzentriere dich auf die Sonne in deinem Gesicht, den Geschmack deines Kaffees oder deinen Atem, der ein- und ausströmt. Wenn du vollkommen präsent bist, ist es schwieriger für diese quälenden Gedanken, dein Gehirn zu kontrollieren. Es ist wie eine Entspannungspause für deinen Geist, ohne auch nur einen Urlaub zu buchen.

Für achtsame Aktivitäten ist es praktisch, Folgendes auszuprobieren:

- **Tiefes Atmen**
- **Liebende Güte Meditation**
- **Achtsames Gehen (ja, wirklich, einfach nur gehen, aber dabei auf deine Umgebung achten)**

Lass uns jetzt über Bewältigungsstrategien sprechen. Wenn du dich überfordert fühlst, ist es entscheidend, positive Bewältigungsmethoden parat zu haben. Positive Strategien können das Setzen kleiner erreichbarer Ziele sein, das Festhalten deiner Gedanken in einem Tagebuch (das Aufschreiben dieser lästigen Sorgen kann verhindern, dass sie in deinem Kopf herumschwirren) oder sogar einfache körperliche Aktivitäten wie Joggen.

Übrigens ist Bewegung nicht nur gut für deinen Körper - sie ist wie ein beruhigender Balsam für deinen Geist (wer hätte das gedacht?). Manchmal hilft körperliche Bewegung dabei, den Kreislauf des Überdenkens zu durchbrechen, weil sie deine Aufmerksamkeit von dem lenkt, was in deinem Kopf ist, auf das, was mit deinem Körper passiert.

Du könntest:

- Ins Fitnessstudio gehen
- Einen Yoga-Kurs besuchen
- Einer lokalen Fußballmannschaft beitreten

Wichtige Konzeptwarnung: Positive Handlungen + Gedanken bemerken + im Moment sein = den Gewohnheit des Überdenkens durchbrechen. Es ist einfache Mathematik, glaub mir.

Hast du schon einmal aufgeschrieben, was dich bedrückt? Das kann helfen, deine Gedanken etwas besser zu ordnen. Sobald es auf Papier steht, könnte dein Gehirn aufhören, darum zu kreisen.

"Manchmal, egal wie sehr du dir Sorgen machst, wird sich das Ergebnis nicht ändern. Akzeptanz ist der Schlüssel."

Jeder Tag ist eine Gelegenheit, frisch anzufangen. Es ist wichtig, an den Prozess zu glauben, auch wenn es sich anfühlt, als würdest du auf einem Hamsterrad laufen. Ja, es erfordert Übung und Konstanz - aber sind nicht geringfügige Anstrengungen es wert, einen klaren, friedlichen Geist zu erlangen?

Im Wesentlichen triagiere diese Gedanken, verankere dich und entwickle Strategien, um mit Stress umzugehen. Du hast die Werkzeuge direkt hier - gehe es Schritt für Schritt an. Und hey, es ist in Ordnung, wenn es nicht über Nacht passiert. Mit der Zeit, mit Beharrlichkeit (und vielleicht einer Dosis Geduld), wirst du die Kunst des Durchbrechens des Kreislaufs meistern.

Kapitel 2: Wurzeln der Angst und Angst

"Das einzige, was wir zu fürchten haben, ist die Angst selbst."

Was ist **Angst**? Und warum geht sie so eng mit **Angst** einher? Denken Sie einen Moment nach - wie oft haben Ihre Gedanken unkontrolliert gedreht, einen Kloß im Magen oder ein Gefühl der Angst verursacht? Diese Gefühle haben Wurzeln, die tiefer sind, als Sie vielleicht erkennen...

In diesem Kapitel geht es um die **psychologischen Ursprünge** Ihrer Ängste und Ängste. Wie faszinierend ist es, dass unsere Gedanken diese Reaktionen entwickeln? Vielleicht haben Sie sich schon gefragt, warum Sie dazu neigen, übermäßig nachzudenken, und die Angst mit jedem Moment wachsen lassen. Hier werden wir diese Verbindung erkunden.

Dann kommen die **Angstreaktionen**. Warum erstarren Sie oder spüren Ihr Herzschlag in den Ohren? Auch hier sind unsere Gedanken im Spiel! Das Ziel ist nicht, Sie zu erschrecken, sondern diese Reaktionen zu beleuchten (damit sie nicht so... beängstigend erscheinen).

Das Verständnis dafür wird Sie darauf vorbereiten, sich mit den Kernängsten auseinanderzusetzen, mit denen Sie täglich kämpfen. Die Kontrolle zu erlangen fühlt sich an, als würde man langsam einen Knoten aus einem verhedderten Seil lösen, nicht wahr?

Schließlich, (und wichtig) präsentiert dieses Kapitel einige **erste Strategien zur Bewältigung** Ihrer Ängste. Stellen Sie sich vor, wie Sie die Seiten umblättern, um diese kleinen Schritte zu finden, die zu Ruhe und Selbstvertrauen führen...

Schon neugierig? Bleiben Sie dran! Der Weg, den Sie eingeschlagen haben, ist unglaublich erhellend... und einiges über sich selbst könnte Sie überraschen.

Psychologische Ursprünge

Verstehen, warum wir **Angst** und **Ängste** empfinden? Es beginnt sehr, sehr lange zurück. Die evolutionäre Grundlage der Angst gibt uns einige Hinweise. Stell dir vor, frühe Menschen—unsere Vorfahren—mussten schnell Bedrohungen erkennen, um zu überleben. Vielleicht lauernde Raubtiere oder plötzliche natürliche Gefahren. Deren Gehirne wurden fein abgestimmt, um gruselige Dinge schnell zu bemerken und zu reagieren. Diese Kampf-oder-Flucht-Reaktion half ihnen am Leben zu bleiben. Fotos knurrender Tiere bringen auch heute noch unser Herz zum Rasen, was beweist, dass dieses Stück Evolution geblieben ist.

Denke daran, dass während die Evolution uns die Werkzeuge gab, die Dinge, die Angst verursachen, sich im Laufe der Zeit verändert haben. Normalerweise stehen wir nicht Raubtieren gegenüber—naja, es sei denn, du zählst unbeholfene soziale Interaktionen als neue Säbelzahntiger.

Das ist nicht die ganze Geschichte. Die Wurzeln der Angst wachsen auch aus erlernten Verhaltensweisen und Erfahrungen. Kinder lernen Angst genauso, wie sie die meisten Dinge lernen: indem sie andere beobachten. Wenn Eltern, Lehrer oder irgendjemand Bedeutendes in ihrem Leben nervös auf bestimmte Situationen reagieren, nehmen Kinder das Signal auf. Es ist wie emotionales Kopieren. Sie erben Gräben in ihren Köpfen, die von den Menschen, die sie aufgezogen haben, gegraben wurden.

Dann gibt es persönliche Erfahrungen. Wenn etwas Schlimmes oder sogar ein bisschen Schlimmes passiert, kann es wie ein Samen wirken. Im Laufe der Zeit werden mehr Dinge mit dieser Erinnerung verknüpft... schließlich verwandeln sich diese kleinen Samen in stachelige Büsche aus Angst und Ängsten. Stell es dir so vor: Jeder, der einen furchterregenden Sturz hatte, könnte feststellen, dass ihm danach die Höhen den Mut rauben. (Ehrlich gesagt, auch ich meide Leitern.)

Die Erziehung und Umgebung formen eine weitere Schicht. Angenommen, du bist in einem gemütlichen, positiven Zuhause aufgewachsen—unterstützende Eltern, ruhige Vibes—neigst du dazu, eine gewisse Widerstandsfähigkeit gegenüber Stress zu entwickeln. Andererseits sieht ein Kind, das von Chaos oder Vernachlässigung umgeben ist, die Welt als unberechenbar, oft unsicher, was mehr Ängste und Sorgen auslöst.

Auch die Lebensbedingungen spielen eine Rolle. Sichere Nachbarschaft? Weniger alltägliche Ängste. Unbeständige Umgebung? Das hält die Sinne aufmerksam. Verdammt, ich habe einmal neben einer Straße gewohnt, die für Autodiebstähle berüchtigt war—es war wie ein konstantes „etwas Schlimmes könnte passieren". Erlernte Verhaltensweisen säen, die Umgebung pflegt sie, und voilà, eine nette kleine Angstpflanze beginnt zu wachsen.

Aber hey, das ist kein wissenschaftlicher Hokuspokus—wir können zurückschlagen, indem wir verstehen, was unsere Angst und Ängste antreibt.

"Angst ist der Geistestöter... die kleine Tod, die totale Auslöschung bringt."

Während Untergang und düstere Aussichten endlos erscheinen mögen, erkenne, dass diese Ängste aus spezifischen Wurzeln kommen—sei es evolutionäre Instinkte sowieso. Das Verständnis des Ursprungs hilft, irrationale Ängste aufzudecken und gibt uns eine klarere Chance, sie anzugehen. Deine Kindheit hat dir nicht immer eine Wahl gelassen, aber sich dessen bewusst zu werden, kann der Beginn einer dauerhaften Veränderung sein. Du merkst, dass hinter dem Arbeitsstress kein Säbelzahntiger lauert. Das hilft.

Wir tragen die Vergangenheit in unsere Gegenwart und Zukunft auf so viele Arten... aber das Aufdecken alter Wurzeln hindert sie daran, wie wild im gesamten Garten zu wuchern. Das Voranschreiten wird einfacher. Erwarte, dass diese alten Muster sich zumindest gegen Veränderungen wehren, sie sind schon lange vorhanden. Mit etwas Arbeit siehst du Fortschritte.

Es ist ziemlich einfach. Unsere Vorfahren haben uns ausgestattet, unsere erlernten Verhaltensweisen formen uns, und unsere Erziehung prägt uns. Nichts ist in Beton gegossen, jedoch—du kannst neu definieren, was Angst für dich bedeutet und damit besser umgehen. Also, um einen letzten Gedanken aus diesem Gespräch zu ziehen: **Angst mit Wissen anzugehen funktioniert wirklich.**

Verbindung zum Überdenken

Überdenken... es ist lustig, wie es sich einschleicht, wenn man einfach seinen Tag verbringen will. Du isst Frühstück und zack—plötzlich durchlebst du wieder dieses peinliche Gespräch, das du vor einer Woche bei der Arbeit hattest. Klingt vertraut, oder? Das ist Teil des größeren **Grübelzyklus**, bei dem wir ständig Situationen in unserem Kopf wiederholen und tiefer in das Durcheinander von Was-wäre-wenns und Hätte-ichs eintauchen.

Hier ist etwas, das das Grübeln anheizen kann—**kognitive Verzerrungen**. Stell dir vor, du trägst Brillen, die alles um dich herum verzerren; sie verwandeln ein kleines Problem in ein riesiges. Kognitive Verzerrungen, wie Schwarz-Weiß-Denken oder Personalisierung, lassen Dinge schlimmer erscheinen, als sie sind. Sie täuschen deinen Verstand und drängen dich dazu, dich nur auf die negativen Aspekte zu konzentrieren. "Hast du schon mal das Gefühl gehabt, dass jeder in einem Meeting deinen Fehler gesehen hat?" Wahrscheinlich sind es genau diese Verzerrungen, die hier am Werk sind.

Überdenken ist eng mit **Angst** verbunden, und das nicht ohne Grund. Wenn du in einem Zyklus des Grübelns feststeckst, steigen die Angstpegel an, sodass jedes Problem enorm erscheint. Es ist ein Teufelskreis. Angst verstärkt das Überdenken, was wiederum deine Angst steigert und dich in einer Schleife gefangen hält, die schwer zu durchbrechen ist. Du könntest anfangen zu denken "Wie soll ich das jemals beheben?" oder "Was ist, wenn es nie besser wird?" Jeder Gedankenwechsel verstärkt den Stress und zieht dich tiefer in die Sorge hinein.

Da ist auch dieses Verlangen nach **Perfektionismus**, das all dem im Hintergrund lauert. Alles perfekt haben zu wollen, ist anstrengend, nicht wahr? Diejenigen von uns, die zum Perfektionismus neigen, sind besonders anfällig für Überdenken. Wir überprüfen alles mehrmals, stressen über Details, die sonst niemand beachtet. Dieses Bedürfnis, alles um uns herum kontrollieren zu wollen, kommt größtenteils aus der Angst vor Fehlern. "Kann mir keinen Fehler erlauben", schreien unsere Gedanken... und treiben uns dazu, alles, was wir je getan haben, zu sezieren.

Aber, es gibt einen Twist. Der Versuch, jeden Aspekt zu kontrollieren, erhöht nur die Angst. Wenn das Leben nicht mit unseren Erwartungen übereinstimmt, kann das ziemlich schwierig sein. Unsere Gedanken ringen mit Fragen wie "Habe ich das Richtige gesagt?" oder "War das die beste Entscheidung?" Diese rühren daher, Fehler zu vermeiden und die Kontrolle zu behalten— zwei Haupttreiber des Überdenkens.

Hier ist das, was du im Kopf behalten solltest: Überdenken ist wirklich nur träge Arbeit. Es hält dich am gleichen Ort fest, wiederholt dieselben Gedanken immer wieder. Der Versuch, Umstände zu kontrollieren, wird zur Hauptursache unseres Stresses. Wie jemand weise sagte:

"Überdenken ist die Kunst, Probleme zu schaffen, die anfangs gar nicht da waren."

Also, was passiert hier?

Für diejenigen, die in dieser Schleife gefangen sind, sei sanft zu dir selbst. Identifiziere deine eigenen **kognitiven Verzerrungen**. Es ist, als würdest du einen Schalter umlegen, wenn du sie bemerkst— plötzlich könnten die Dinge anders aussehen. Erkenne, dass du ein Mensch bist; Herausforderungen entstehen und sie vergehen. Deine heiße Verfolgung von Perfektion? Nutze sie klug. Verwandle sie von einer Quelle der Angst in Motivation für Handlungen, die du tatsächlich kontrollieren kannst.

Hier sind ein paar Gedanken, die du immer im Hinterkopf behalten solltest:

- Höre auf, jeden einzelnen Fehler zu sezieren.
- Lasse Raum für Unvollkommenheiten.
- Erwische diese übertriebenen Gedanken und rufe sie zur Ordnung.

Wenn du diese Anpassungen vornimmst, wirst du ein wenig von der Kontrolle finden, die du so verzweifelt begehrst... ohne die Last der Perfektion oder des endlosen Grübelns. Deine hellsten Gedanken kommen nicht aus Sorge, sondern aus Frieden.

Erklärungen zu Angstreaktionen

Das Verständnis der **Angst** ist nicht kompliziert, berührt aber viele Lebensbereiche. **Lassen Sie uns** betrachten, wie unser Körper reagiert. Du hast vielleicht von Kampf, Flucht und Erstarrung gehört - das sind die Hauptwege, auf die wir auf **Angst** reagieren.

Wenn du etwas Beängstigendes gegenüberstehst, pumpt dein Körper **Adrenalin** aus. Es ist wie dein eingebautes Alarmsystem, das losgeht. Die Leute wollen entweder wegrennen (Flucht), sich bereit machen, sich zu stellen (Kampf) oder einfach dastehen und sich nicht bewegen können (Erstarrung). Meistens wählst du nicht. Dein Körper trifft so schnell eine Entscheidung darüber, was zu tun ist, dass du nicht einmal darüber nachdenken kannst. Es geht alles ums **Überleben**.

Was passiert jetzt in deinem Körper, wenn du Angst hast? Dein Herz beginnt wie eine Trommel zu pochen. Hast du bemerkt, dass du schwitzt oder zittrige Hände hast? Das gehört alles dazu. Einige Leute spüren, wie ihre Muskeln sich anspannen. Es ist Zeit für die Vorbereitung auf die Gefahr.

Dieser ständige Zustand, so zu leben, als ob du immer kurz davor wärst, Gefahr zu sehen, zeigt sich in deinen Entscheidungen. Das ist nicht ideal, oder? Wenn du Angst hast, tritt das logische Denken in den Hintergrund. Der Körper ist so beschäftigt damit, sich auf Kampf, Flucht oder Erstarrung vorzubereiten, dass das Treffen großer Entscheidungen oder sogar kleinerer schwer wird. Du bist nicht wirklich ruhig und gelassen.

Stell dir vor, du versuchst, ein Matheproblem zu lösen, während dich ein Löwe anstarrt. Schwierig, oder? Entscheidungen unter **Angst** sind so. **Angst** kann den Verstand trüben. **Selbst die Entscheidung, was man zum Mittagessen essen soll, scheint zu groß zu sein, wenn alles in dir auf Hochalarm steht.** Dieser Stress ist nicht nur mental - er steckt in deinen Muskeln, deinem Herzen, sogar in deiner Atmung.

Langfristige Entscheidungen werden definitiv auch beeinflusst. Du könntest Risiken meiden, nicht weil sie schlecht sind, sondern weil dich die **Angst** dazu gebracht hat, den sicheren Weg zu wählen. Für manche führt dies zu Bedauern über verpasste Chancen. Du hast gezögert und jetzt kannst du manchmal nur über die "Was wäre wenns" nachdenken.

Lassen Sie uns einige physiologische Anzeichen von **Angst** auflisten:

- Schneller Herzschlag
- Schwitzende Hände
- Zittrige Hände oder Knie
- Trockener Mund
- Verspannte Muskeln

Es hilft, diese zu verstehen, da es einfacher ist, nachdem du sie bei dir selbst - oder sogar bei anderen - erkannt hast, sanfter und mitfühlender zu sein. Du bist nicht nur ängstlich oder faul, dein Körper bereitet dich darauf vor, dich dem zu stellen, was er für eine riesige Bedrohung hält.

"Angst kann dich in einem Käfig einsperren oder dich dazu bringen, vorwärts zu gehen, jede brennende Situation ist einzigartig."

Ziemlich nachvollziehbar, oder? Ob wir still stehen, weglaufen oder uns für einen konfrontativen Kampf rüsten - unser Körper behandelt alltägliche Herausforderungen so, als wären sie ziemlich episch. Alles wird davon beeinflusst, wie ängstlich wir uns innerlich fühlen.

Beachte beim nächsten Mal, wenn du ein pochendes Herz oder schwitzende Hände bemerkst, einen Moment innezuhalten. Es ist nur das **Angst**-System deines Körpers, das sich auf Aktion vorbereitet, auch wenn du es nicht brauchst. Dieses Wissen kann die Lautstärke der **Angst** irgendwie dämpfen und dir helfen, in kniffligen Momenten bessere Entscheidungen zu treffen - Entscheidungen, die sonst unmöglich erscheinen.

Behalte diese Reaktionen im Griff; du wirst ein ruhigeres, weniger reaktives Leben führen, das weniger von verborgenen **Ängsten** angetrieben wird.

Umgang mit Kernängsten

Also, du kennst dieses nagende Gefühl, das an der Rückseite deines Verstandes nagt? Das Gefühl, das sich anfühlt, als ob es immer lauern würde, bereit, herauszuspringen, sobald es ruhig wird? Ja, lass uns dem auf den Grund gehen.

Die Identifizierung der Ursachen ist wie Detektivarbeit. Was hat diese Spirale der Sorge überhaupt in Gang gesetzt? Vielleicht war es etwas in deiner Kindheit oder vielleicht ein bestimmtes Ereignis bei der Arbeit. War es ein Kommentar, den jemand über deine

Fähigkeiten gemacht hat, oder vielleicht ein flüchtiges Gefühl der Angst, das nie ganz verschwunden ist? Das Herausfinden dieser Ursprünge ist nicht unbedingt einfach, aber es ist entscheidend. Manchmal hilft es, wenn du dem, was du fühlst, einen Namen gibst, die Angst scheint dann etwas weniger monströs zu sein. Wenn du weißt, mit was du konfrontiert bist, wird es etwas weniger einschüchternd, findest du nicht?

Ein weiteres wichtiges Stück dieses Puzzles ist die Unterscheidung zwischen rationalen und irrationalen Ängsten. Stell dir vor, du gehst im Wald spazieren und hörst ein Rascheln - solltest du Angst vor einem Bären haben oder ist es wahrscheinlich nur ein Eichhörnchen? Rationale Ängste haben eine Grundlage in der Realität. Irrationale Ängste hingegen wurzeln oft in "Was wäre, wenn"-Szenarien, die nie wirklich eintreten. Du hast wahrscheinlich schon über Dinge nachgedacht, die nie wirklich passiert sind, oder?

Hier ist ein schneller Weg, um den Unterschied zwischen beiden zu erkennen:

- **Rationale Ängste:** Basierend auf Fakten oder früheren Erfahrungen. ("Ich habe das schon einmal gesehen.")
- **Irrationale Ängste:** Mehr in der Vorstellungskraft als in der Realität verwurzelt. ("Was wäre, wenn das passiert?")

Es hilft enorm zu fragen: "Hilft mir diese Angst oder schadet sie mir?" Wenn es eine dunkle Gasse in der Nacht ist, könnte deine Angst dich tatsächlich sicher halten. Aber wenn es darum geht, dass ein Raumschiff auf dein Haus fällt - wahrscheinlich nicht so hilfreich.

Weiter geht's, lass uns ein wenig über den Aufbau von Widerstandsfähigkeit und Bewältigungsfähigkeiten sprechen. Denke an Widerstandsfähigkeit als die Fähigkeit, sich von Rückschlägen zu erholen. Jeder hat mal einen Rückschlag, aber wie du darauf reagierst, zählt wirklich. Also, wie wirst du besser darin?

Eine effektive Strategie ist es, deine Gedanken neu zu formulieren. Anstatt zu denken, "Warum passiert das immer mir?", könntest du es umdrehen und fragen, "Was kann ich daraus lernen?" Es klingt kitschig, aber es funktioniert tatsächlich ziemlich gut. Und wenn du das mit Achtsamkeitspraktiken kombinierst? Gold wert. Achtsamkeit kann dich darauf trainieren, dich auf das 'Jetzt' zu konzentrieren - was dir hilft, nicht in 'Was wäre, wenn' und 'Hätte ich doch' abzudriften.

Unterschätze auch nicht die Kraft kleiner Gewohnheiten. Bewegung, Schlaf und Ernährung halten nicht nur deinen Körper gesund - sie helfen auch dabei, deinen Geist in Schach zu halten. Selbst kurze Spaziergänge oder kurze Momente zum tiefen Durchatmen können einen großen Unterschied machen.

Hier ist etwas zum Nachdenken:

"Nicht die Last bricht dich, sondern die Art und Weise, wie du sie trägst."

Etwas Schweres zu bewältigen, ist nicht das Problem; es ist die falsche Technik. Kleine Veränderungen in deinem Denken und Verhalten können die Last wirklich erleichtern. Niemand sagt, dass du perfekt sein musst, aber kleine Schritte nach vorne können im Laufe der Zeit zu bedeutenden Veränderungen führen.

Kurz gesagt, indem du dich mit den Wurzeln deiner Ängste auseinandersetzt, echte Bedrohungen von imaginären unterscheidest und deine Bewältigungsmechanismen stärkst, rüstest du dich mit Werkzeugen aus, um mit Angst effektiver umzugehen. Es wird nicht alles sofort reparieren und es wird immer noch schweren Tage geben - aber mit diesen Strategien wirst du auch mehr gute Tage finden.

Erste Strategien für das Management

Okay, also lasst uns direkt in einige effektive Techniken einsteigen, die du nutzen kannst, um Angst und Furcht zu bewältigen. Diese Strategien sind einfach und können sofortige Erleichterung bieten.

Kognitive Umstrukturierungstechniken drehen sich wirklich darum, diesen negativen Gedanken zu fangen, ihn umzudrehen und ihn aus einem anderen Blickwinkel zu betrachten. Denke daran: Wenn du über etwas gestresst bist, stellst du dir oft das schlimmste Szenario vor, oder? Aber was ist, wenn du stattdessen diese Gedanken nehmen und sagen könntest: "Warte, ist das wirklich wahr?", oder "Gibt es eine andere Möglichkeit, das zu betrachten?"

Versuche es das nächste Mal: Schreibe diesen besorgten Gedanken auf und fordere ihn heraus. Zum Beispiel, wenn du denkst, "Ich werde bei der Arbeit versagen", frage dich: "Habe ich Beweise?" "Was ist realistischer?" Du wirst oft feststellen, dass deine Ängste mehr über das Gefühl als über die Fakten gehen.

Erdungsübungen sind ein weiteres praktisches Werkzeug, besonders wenn du diese sofortige Paniklinderung benötigst. Die 5-4-3-2-1 Methode ist ziemlich beliebt und einfach.

So funktioniert es:

- **5:** Erkenne fünf Dinge um dich herum.
- **4:** Berühre vier Dinge.
- **3:** Identifiziere drei Geräusche, die du hörst.
- **2:** Erkenne zwei Gerüche.
- **1:** Notiere dir eine Sache, die du schmeckst.

Das bringt dich aus deinem Kopf und in den gegenwärtigen Moment, lenkt deinen Fokus auf das, was real und unmittelbar ist. Es ist überraschend beruhigend.

Setzen von Grenzen und Selbstfürsorgestrategien können ebenfalls einen großen Unterschied machen. Viele Menschen unterschätzen dies. Denke darüber nach, wann du dich überfordert fühlst... oft liegt es daran, dass du deine Energie oder Zeit nicht geschützt hast. Grenzen setzen bedeutet, dass es in Ordnung ist, "Nein" zu sagen, wenn du es musst. Wenn du überengagiert bist, frage dich, warum. Vielleicht ist es sozialer Druck oder die Angst, etwas zu verpassen. Aber lernen, was wirklich wichtig ist, priorisieren zu können, kann ein Gefühl von Kontrolle bringen.

Selbstfürsorge muss auch nicht aufwändig sein. Grundlegende Schritte wie ausreichend Schlaf, gesunde Ernährung und etwas Freizeit sind wichtig. Frage dich zum Beispiel: "Wann habe ich das letzte Mal eine richtige Pause eingelegt?" Es ist einfach, sich in endlosen Aufgaben zu verstricken, ohne innezuhalten. Mach es zur Gewohnheit, dir Zeit für das zu nehmen, was dich entspannt, sei es das Lesen eines guten Buches, ein Spaziergang oder einfach tiefes Atmen.

Grenzen setzen und Selbstfürsorge kommt wirklich darauf an, sich selbst zu respektieren. Denke darüber nach – es ist wie dieses Zitat sagt:

"Du musst dich um dich selbst kümmern, bevor du dich um andere kümmern kannst."

Wenn dein Becher voll ist, bist du in allem anderen effektiver. Also denke nicht, dass es egoistisch ist; es ist unerlässlich.

Nutze diese Grundlagen, um dir einen Vorteil im Umgang mit Angst und Furcht zu verschaffen. Sicher, es gibt keine Einheitslösung, aber diese Ausgangspunkte können unglaublich praktisch sein. Sie sind hier, um dich daran zu erinnern, dass der Umgang mit Angst nicht entmutigend sein muss. Wir sind alle in der Lage, kleine, aber bedeutsame Schritte zu unternehmen, die einen großen Unterschied machen. Also, warum nicht jetzt beginnen?

Hier eine schnelle Zusammenfassung mit diesen Punkten:

- Negative Gedanken herausfordern

- Erdungsübungen nutzen
- Feste Grenzen setzen
- Selbstfürsorge praktizieren

Nimm es langsam, sei geduldig und sei nicht zu hart zu dir selbst. Jeder kleine Schritt zählt.

Kapitel 3: Emotionale Wunden und ihr Einfluss

"Welche Wunden sind je anders als nach und nach geheilt?"

Lass uns über etwas sprechen, das wir alle schon einmal gefühlt haben—**emotionale Wunden**. Denke zurück an Momente, in denen freundliche Worte oder harte Kommentare lange in deinem Kopf nachhallten, nachdem sie ausgesprochen wurden. **Emotionale Narben** formen, wer wir sind, und beeinflussen unsere täglichen Gedanken. Warum tut eine einfache Bemerkung an manchen Tagen mehr weh? Du bist nicht allein mit dieser Frage.

Hast du jemals das Gefühl gehabt, in einer negativen Spirale festzustecken? Wie ein schlechter Gedanke zum nächsten führt und sich alles überwältigend anfühlt? Dieses Kapitel ist für dich. Unsere vergangenen Verletzungen spielen eine heimtückische Rolle in unserer gegenwärtigen Denkweise. Diese Muster zu erkennen ist der erste (und sehr wichtige) Schritt zur **Heilung**.

Wir werden betrachten, wie wir anfangen können, **emotionale Narben** zu identifizieren und den **Einfluss** zu verstehen, den sie haben. Kleine Schritte zählen hier—sogar Baby-Schritte. Sobald wir dies zu erkennen beginnen, erscheint die Genesung nicht mehr ganz so unmöglich. (Ich habe es auch durchgemacht.)

Am Ende des Kapitels wirst du dich etwas erleichtert fühlen, mit praktischen Möglichkeiten zur Heilung und Weiterentwicklung. Also, lasst uns das Ganze aufschlüsseln und diese wichtige Diskussion in... den kommenden Seiten beginnen. Bist du bereit, einige Antworten zu finden? Los geht's!

Identifizierung emotionaler Narben

Die Anerkennung von Schmerzen aus der Vergangenheit kann knifflig sein. Alte Wunden schreien vielleicht nicht nach Aufmerksamkeit, aber sie verweilen oft unter der Oberfläche. Diese Narben können auftauchen, wenn man es am wenigsten erwartet, und das Leben schwieriger machen, als es wirklich sein sollte. Hast du schon mal dieses plötzliche Stechen gespürt, wenn jemand etwas sagt, das zu nahe geht? Ja, das ist deine Vergangenheit, die sich heimlich anschleicht.

Auslöser spielen hier eine große Rolle. Etwas Kleines, scheinbar Unbedeutendes - ein altes Lied, ein bestimmter Geruch oder nur ein zufälliger Kommentar - kann dich zurück zu einem schmerzhaften Moment ziehen. Es ist wie jemand, der eine Prellung sticht, von der du nicht wusstest, dass du sie noch hast. Das Verstehen deiner Auslöser ist enorm wichtig. Wenn du weißt, was dich aus der Bahn wirft, bist du bereits im Vorteil. Manchmal weißt du diese Dinge nicht, bis du mittendrin bist, dich viel mehr aufregst, als die Situation eigentlich erfordern würde... dann wird dir klar: Das geht um etwas anderes, etwas aus einer anderen Zeit oder einem anderen Ort.

Das Kennen der Auslöser hilft auch dabei, zu beurteilen, wie diese **emotionalen Narben** sich auf dein tägliches Leben auswirken. Denk darüber nach - wie oft hast du überreagiert auf etwas, was eigentlich kein großes Problem sein sollte? Oder vielleicht unterreagiert, weil es einfacher ist, sich abzustumpfen. Es sind diese unsichtbaren Narben, die deine Reaktionen bestimmen, meist ohne dass du es überhaupt bemerkst.

Ich finde es wirklich hilfreich, Dinge zu besprechen, selbst wenn es nur mit dir selbst ist. Setz dich hin, nimm einen Kaffee (oder Tee, wenn das eher dein Ding ist), und denke darüber nach, was dich wirklich unter die Haut geht. Schreib es auf, wenn das hilft... mach eine Liste von diesen lästigen kleinen Auslösern. Vielleicht ist es dieser Ex, der immer in Gesprächen auftaucht, oder dieser alte Chef, der deine Bemühungen nie geschätzt hat. Was auch immer es ist, es ans Licht zu bringen verwandelt es von einer unterbewussten Laune zu etwas, mit dem du ringen kannst.

Denk über einige wichtige Lebensbereiche nach:

- **Persönliche Beziehungen**: Springst du zu Schlussfolgerungen, liest vielleicht zu viel in die Worte oder Handlungen anderer?
- **Arbeit**: Verpasst du Chancen, weil du an dir selbst zweifelst oder Kritik fürchtest?
- **Allgemeines Wohlbefinden**: Bist du emotional erschöpft, vielleicht vermeidest du neue Situationen nur, um sicher zu bleiben?

Hier ist etwas zum Nachdenken:

"Jedes Mal, wenn du auf einen emotionalen Auslöser triffst, bekommst du die Gelegenheit, ein Stück deiner Vergangenheit zu verstehen und zu verarbeiten."

Das hat mich wirklich getroffen. Jedes Mal, wenn du diesem Auslöser gegenüberstehst und darüber nachdenkst, nimmst du ihm Stück für Stück seine Macht.

Das Anerkennen dieser Narben macht dich nicht schwach. Im Gegenteil, es gibt dir tatsächlich Kontrolle. Es ist wie das Einschalten des Lichts in einem dunklen Raum - sicher, du siehst all das Durcheinander, aber zumindest kannst du anfangen aufzuräumen.

Das Leben sollte nicht von unsichtbaren Kräften aus der Vergangenheit bestimmt werden. Je mehr du diese emotionalen Narben identifizierst und verstehst, desto weniger tauchen sie unerwartet auf, um deinen Tag zu ruinieren. Fang klein an, sei geduldig mit dir selbst. Jeder hat sein Päckchen zu tragen; es kommt darauf an, wie du damit umgehst, das den Unterschied macht.

Wie vergangene Verletzungen gegenwärtige Gedanken formen.

Es ist erstaunlich, wie sehr unsere Vergangenheit heute mit unseren Gedanken durcheinanderbringen kann. Denk darüber nach... eine alte Wunde, vielleicht aus der Kindheit oder einer harten Trennung, taucht plötzlich auf, wenn du gestresst bist wegen der Arbeit oder unsicher in einer neuen Beziehung fühlst. Es ist fast so, als ob diese vergangenen Verletzungen ungebeten an die Tür klopfen und Aufmerksamkeit fordern.

Ein Hauptweg, wie dies geschieht, ist durch wiederkehrende negative Denkmuster. Hast du schon mal bemerkt, wie du dein eigener schärfster Kritiker sein kannst? Das hängt wahrscheinlich mit diesen früheren Erfahrungen zusammen. Vielleicht hast du dich als Kind nicht gut genug gefühlt, also tauchen als Erwachsener dieselben Gedanken auf, wenn du einer Herausforderung gegenüberstehst.

Hier sind einige übliche negative Gedanken, die durch vergangene Traumata ausgelöst werden:

- "Ich scheitere immer."
- "Man kann niemandem vertrauen."
- "Ich verdiene kein Glück."

Diese Gedanken kommen nicht einfach aus dem Nichts. Sie haben Wurzeln... tiefe Wurzeln, die von Dingen stammen, über die du wahrscheinlich schon seit Ewigkeiten nicht mehr nachgedacht hast. Aber diese Erfahrungen beeinflussen dich immer noch.

Etwas, worüber du auch nachdenken solltest, ist, wie diese vergangenen Ereignisse gegenwärtige Ängste und Sorgen schaffen.

Wenn du zum Beispiel in der Schule gemobbt wurdest, könnte das auch heute noch soziale Interaktionen schwierig machen. Vertrauensprobleme? Sie könnten von einem Verrat kommen, über den du nie wirklich hinweggekommen bist. Wenn dir nie jemand gesagt hat, dass er dich liebt oder dass du etwas Besonderes bist, könnte das Spuren hinterlassen und dich immer fragen lassen, ob du Liebe verdienst (Tipp: das tust du).

Aber kommen wir zum Kern der Sache—warum passiert das? Traumata setzen gewissermaßen ein Programm in unserem Gehirn fest, das uns dazu bringt, überall ähnliche Bedrohungen zu sehen. Wenn jemand denkt, er sei wieder in dieser schwierigen Situation, setzt die Angst ein.

"Der Verstand spielt ab, was das Herz nicht löschen kann,"

Das führt zu einer großen Erkenntnis: Die Aufgabe deines Gehirns ist es, dich zu schützen. Dich sicher zu halten. Und ein Teil dieses Schutzmechanismus ist es, dich daran zu erinnern, wo du verletzt wurdest, damit du es vermeiden kannst, dass es wieder passiert. Es ist wie ein GPS aus der Vergangenheit, aber anstatt dich zu führen, fängt es dich manchmal nur in Schleifen ein.

Du verstrickst dich in alten Ängsten—Angst vor dem Versagen, Ablehnung oder erneutem Verletztwerden. Diese Ängste könnten dich davon abhalten, Dinge zu tun, die du möchtest, weil dein Gehirn im 'Was wäre, wenn?'-Modus feststeckt. Es wirft dir ständig Warnungen entgegen, in der Hoffnung, dich sicher zu halten... aber diese Gedanken können ernsthaft deine Gegenwart—und deine Zukunft—durcheinanderbringen.

Mach einen Schritt zurück. Das nächste Mal, wenn ein negativer Gedanke auftaucht, halte für einen Moment inne und frage dich: "Geht es hier um das, was gerade passiert, oder ist es etwas Altes, das wieder hochkommt?" Oft wirst du beginnen, das Muster zu erkennen. Sobald du diese Verbindung zwischen vergangenen

Erfahrungen und aktuellen Ängsten erkennen kannst, bist du auf halbem Weg, den Kreislauf zu durchbrechen.

Wenn du so lange an alten Überzeugungen und Verletzungen gefesselt warst, kommt Klarheit nicht leicht. Aber jede Erkenntnis ist ein Schritt in Richtung Lösung dieser Fesseln. Ja, das Ablösen dieser Schichten kann ein wenig wehtun, aber die Freiheit auf der anderen Seite ist es wert. Sei neugierig und freundlich zu dir selbst—bemerke diese Muster ohne zu urteilen.

Der Status quo mag flüstern, "So ist es eben," aber seien wir realistisch... es muss nicht so sein. Du hast die Macht, deine Gedanken zu verändern und in Zukunft anders zu fühlen. Und glaub mir, es lohnt sich.

Muster negativer Spiralen

Stell dir vor, du wachst auf und das erste, woran du denkst, ist ein Fehler, den du vor Tagen gemacht hast. Zu erkennen, wenn wir nicht in der Lage sind, diese Gedanken loszulassen, kann der Schlüssel sein, um sie zu stoppen. Ein wichtiges Zeichen ist katastrophales Denken. Hast du dich schon einmal dabei erwischt, wie du denkst: "Oh nein, wenn das passiert ist, was könnte noch schiefgehen?" Das ist ein Hinweis. Ein kleiner negativer Gedanke verwandelt sich schnell in etwas viel Größeres, das in keiner Weise der Realität entspricht.

Diese Gedanken bleiben nicht nur als einzelne Entitäten bestehen. Sie haben eine Art, sich zu verknüpfen, nicht wahr? Einer führt zum anderen und noch einem, und es entsteht ein Dominoeffekt. Du könntest an ein gescheitertes Vorstellungsgespräch denken, das dann in die Überlegung über ein ganzes Berufsleben voller Misserfolge übergeht. Es wird zu einer unerbittlichen Kette, bei der jedes Glied an Gewicht zunimmt.

Hier ist noch etwas: Diese negativen Spiralen tun dem Selbstwertgefühl keinen Gefallen. Du beginnst, an dir selbst zu zweifeln. Bedenke nur, wie das niedrige Selbstwertgefühl sich einschleicht. Sobald dir ein "Warum habe ich das getan?" herausrutscht, wirst du eine weitere Handlung in Frage stellen, und zack, steckst du in einer Schleife fest. Es ist wie im Treibsand gefangen zu sein – je mehr du gegen diese Gedanken ankämpfst, desto tiefer ziehen sie dich hinein.

Du kannst bemerken, wie dieser Zyklus an Schwung gewinnt. Beginne mit einem Gedanken wie "Ich habe einen Fehler gemacht." Dann schnell "Ich mache immer Fehler." Dies geht so leicht über in "Ich bin in nichts gut." Bald darauf "Werde ich jemals besser werden?" Es ist diese Abfolge, die beeinflusst, wie wir uns selbst sehen und unseren Selbstwert beschädigt.

- Diese negativen Gedanken können dazu führen, dass man glaubt, jeder Fehler sei ein katastrophaler Misserfolg.
- Gedankenmuster können erkannt werden, wenn konsistent negative Ergebnisse auftreten.

"Unser Denkzustand formt die Welt, in der wir leben."

Jeden Tag sind unsere Interaktionen von diesen Gedanken geprägt, und es ist kein Wunder, wie schädlich das sein kann. Selbstzweifel und "niedriges Selbstwertgefühl" sind keine leeren Worte; sie sind greifbare Realitäten. Der Zyklus erschwert es, sich von Rückschlägen zu erholen, weil jeder Rückschlag wie ein weiterer Beweis dafür erscheint, dass du wieder scheitern wirst. Er nagt an deinem Selbstvertrauen und lässt dich selbst an deinen einfachsten Fähigkeiten zweifeln.

Solche Muster sind tiefer verwurzelt, als man denken könnte. Sie wiederholen sich, bis wir anfangen, sie zu bemerken. Manchmal bedeutet das, einen Gedanken mitten im Verlauf zu erkennen und seine Wahrheit in Frage zu stellen. Andere Male geht es darum, die breitere Abfolge zu entwirren.

Kühne Entscheidungen beginnen klein. Erkenne einen Gedanken als das, was er ist – ein einzelnes, isoliertes Ereignis, nicht eine Repräsentation deines gesamten Daseins. Sich davon zu befreien bedeutet, ihn als das zu sehen, was er ist, eine flüchtige Idee, nicht eine feste Tatsache.

Kommuniziere mehr mit dir selbst. Beachte diese Muster ohne harte Beurteilung. Es geht darum, für einen Moment innezuhalten und zu beobachten. Diese Gedanken und Zweifel sickern in Entscheidungen, Beziehungen und das allgemeine Wohlbefinden ein, bilden eine Kette, die dich verwickelt. Das Entwirren beginnt, wenn Muster anerkannt werden und Schritt für Schritt aufgelöst werden.

Indem du die Zeichen frühzeitig erkennst und verhinderst, dass der erste Dominostein fällt, kannst du einen klareren mentalen Raum und realistischere Einschätzungen von Situationen finden. Es muss nicht perfekt sein; der Anfang ist entscheidend. Schon eine Momentaufnahme kann einen großen Unterschied machen.

Heilung beginnt mit Anerkennung

Also gut, lasst uns anfangen. **Emotionale Wunden** sind real. Klingt einfach, aber ist es nicht oft der schwierigste Teil? Wir neigen dazu, diese alten Verletzungen abzutun, oder? Manchmal leugnen wir sie, vergraben sie tief drinnen, als ob sie nie passiert wären. Aber ratet mal? Sie sind passiert, und sie zählen. Diese Erfahrungen haben dazu beigetragen, dich zu dem zu formen, der du heute bist.

Also, warum verstecken wir uns vor diesen vergangenen Schmerzen? Vielleicht ist es einfacher, sie begraben zu halten. Oder vielleicht denken wir, dass das Eingestehen uns schwach macht. Lassen Sie uns das klarstellen - es ist das *Gegenteil*. Zu diesen Wunden zu stehen erfordert Mut. Lassen Sie uns ehrlich über ihre **Auswirkungen** sein. Manchmal tauchen diese emotionalen Verletzungen auf unerwartete Weise auf... belastete Beziehungen, Selbstzweifel oder ein ständiger Strom negativer Gedanken. Und es ist in Ordnung (ja, wirklich in Ordnung), zuzugeben, dass deine vergangenen Verletzungen Narben hinterlassen haben.

Eines ist unbestreitbar: der Schritt nach vorne: **Akzeptanz**. Ja, du hast das richtig gehört. Ehrlich mit sich selbst zu sein, ist der Beginn der Heilung; es ist das mentale Nicken, das sagt: "Okay, das hat mich verletzt." Bevor du eine Wunde verbindest, musst du sie klar und deutlich sehen. Für viele fühlt es sich an, als würde man ein Pflaster abziehen, wenn man zugibt, dass es ein Problem gibt - schmerzhaft, aber notwendig.

Emotionale Wunden sind nicht immer sichtbar, was sie schwer zu behandeln macht. Denk mal so darüber nach: Physische Wunden brauchen Behandlung, um zu heilen, oder? Das gilt auch für emotionale. Sie zu ignorieren, hilft nicht.

Erlaube mir, einen Gedanken zu teilen:

"Verleugnung verzögert nur die Heilung, während Anerkennung Klarheit und Richtung bringt."

Das Erkennen dieser Wunden erfordert Nachdenken (nicht Grübeln - da ist ein Unterschied). Sprich mit dir selbst, etwa so: "Ja, das ist passiert, und es hat mich auf *abc* Weise beeinflusst." Denk daran, dass diese Gedanken dich ab und zu besuchen; du musst sie nicht für immer unterhalten.

Und lass uns hier etwas Selbstliebe einstreuen. Sei sanft zu dir selbst, wie du es mit einem Freund tun würdest, der dir etwas anvertraut. Kein "Warum bin ich nicht schneller darüber hinweggekommen?" - nur reine Güte. Denn hey, wir alle haben unsere Momente, nicht wahr?

Hier ist eine Realitätsprüfung!

- **Ehrlichkeit über Gefühle** fördert das Wachstum.
- **Das Akzeptieren des Schmerzes** ist ein Teil des Vorwärtskommens.

- Es ist absolut in Ordnung, zuzugeben, dass du verletzt bist.

Schlüsselschritte zur Anerkennung

- Nimm dir einen Moment. Reflektiere über deine Vergangenheit ohne Bewertung.
- Sei ehrlich mit dem, was und wie du fühlst. Auch wenn es negativ ist.
- Erlaube diesen Emotionen hochzukommen. Es ist keine Schande, sie zu fühlen.

Denke darüber nach, diese Reflexion über eine Woche oder zwei zu verteilen, je nachdem, was sich gut anfühlt. Keine Eile.

Zuletzt, erinnere dich immer daran - die Person, die am meisten davon profitiert, ehrlich über diese Wunden zu sein, bist du. Es ist besser, der Realität ins Auge zu sehen und sie dann Schritt für Schritt zu bewältigen, anstatt vorzugeben, alles sei in Ordnung, wenn es nicht stimmt.

Diese Akzeptanz? Sie ist dein goldenes Ticket zu echter Heilung. Also, mach diesen kleinen Schritt in Richtung Heilung, du hast es verdient.

Kleine Schritte auf dem Weg zur Genesung

Die Genesung erfolgt nicht sofort - sie beinhaltet eine Reihe von einfachen, aber bedeutenden Schritten. **Das Etablieren einer positiven täglichen Routine** kann dich auf den richtigen Weg bringen. Starte deine Morgen mit etwas, das dich aufmuntert, wie zum Beispiel ein kurzer Spaziergang, ein Lieblingslied oder einfach nur ruhig mit einer Tasse Tee zu sitzen. Ist es nicht erstaunlich, wie kleine Handlungen wie diese deinen ganzen Tag formen können?

Es ist wie den Ton setzen, aber subtil und sanft. Unterschätze niemals die Kraft dieser kleinen Rituale.

Mit jedem Tag ist es entscheidend, erreichbare Ziele für dein emotionales Wohlbefinden zu setzen. Denke daran, es ist, als würdest du dir selbst eine Straßenkarte geben, der du folgen kannst, aber vergiss nicht, unterwegs nett zu dir zu sein. Das kann etwas so einfaches sein wie sich jeden Tag ein paar Minuten Zeit zu nehmen, um über deine Gefühle nachzudenken, Tagebuch über die Höhen und Tiefen deines Tages zu führen oder sogar jemandem, dem du vertraust, von deinen Kämpfen zu erzählen. Dies sind keine riesigen Berge, die du erklimmen musst, nur kleine Hügel, die von Tag zu Tag leichter werden. **Du wirst überrascht sein**, wie viel Fortschritt durch konsequente, geringfügige Anstrengungen erzielt werden kann.

Dann gibt es die Praxis der Dankbarkeit und positiven Affirmationen. Du hast es wahrscheinlich schon hundert Mal gehört, aber hast du es schon einmal mit einem Dankbarkeitsjournal versucht? Schreibe einfach jeden Tag ein paar Dinge - einfache, unkomplizierte Dinge - auf, für die du dankbar bist. Es könnte etwas Kleines sein, wie einen ganzen Nachmittag nur für dich zu haben, oder etwas Bedeutenderes, wie einen Job zu bekommen oder sich mit einem alten Freund wieder zu verbinden. Halte es ein paar Wochen lang durch und beobachte den Einfluss, den es hat. Wie jemand einmal weise sagte:

"Je mehr du Dankbarkeit übst, desto mehr wirst du finden, wofür du dankbar sein kannst."

Es fühlt sich ein bisschen wie Magie an, nicht wahr?

Und nicht nur Dinge aufschreiben, sondern **positiv zu sich selbst sprechen** kann einen großen Unterschied machen. Stehe jeden Morgen vor einem Spiegel und sage etwas Nettes. Es mag anfangs albern erscheinen, aber im Laufe der Zeit hilft es, deine Denkweise zu verändern. "Ich bin es wert, geliebt zu werden." "Ich bin fähig."

"Heute erlaube ich mir, langsam und ruhig zu handeln." Das sind nicht nur leere Worte - es sind kleine Samen, die du in deinem Geist pflanzt und die jeden Tag stärker werden.

Das Kombinieren all dieser Schritte geht nicht darum, dein Leben über Nacht umzukrempeln. Es geht darum, kleine Momente der Freundlichkeit und Absicht in dein tägliches Dasein einzuflechten. Bald fangen diese kleinen Schritte an, sich zu etwas Größerem anzusammeln... etwas Widerstandsfähigerem. **Fortschritt braucht Zeit**, aber mit Geduld, einer positiven Routine und täglichen Affirmationen wirst du feststellen, dass du Meilen weiter bist als zu Beginn.

Emotionale Gesundheitsziele helfen dabei, das Unfassbare in greifbare Schritte zu verwandeln. Du gibst deinen Gefühlen einen Platz zum Landen, machst sie damit handlicher und weniger überwältigend. Eine **positive tägliche Routine** zu etablieren, realistische Ziele zu setzen und Dankbarkeit zu praktizieren sowie Affirmationen können einen spürbaren Unterschied in deinem Wohlbefinden machen. Nimm es Tag für Tag und sei nachsichtig mit dir selbst. Du bist auf dem Weg der Genesung, einen kleinen Schritt nach dem anderen.

Teil 2: Vorbereitung auf Veränderungen

Kapitel 4: Bewusstsein und Selbstverständnis aufbauen

"Die eigentliche Entdeckungsreise besteht nicht darin, neue Landschaften zu suchen, sondern mit neuen Augen zu sehen."

Willkommen zu einem neuen Kapitel, das sich auf den Aufbau von **Selbstbewusstsein** und **Selbstverständnis** konzentriert. Es ist wie eine Taschenlampe, die auf die dunkleren Ecken deines Geistes leuchtet. Stell dir vor, du weißt genau, warum du so denkst, wie du denkst, und findest die Werkzeuge, um das zu ändern, was dich zurückhält - das ist das Ziel dieses Kapitels.

Lassen Sie uns sofort Ihre Aufmerksamkeit erregen: Haben Sie sich schon einmal gefragt, warum einige alte Denkmuster so hartnäckig sind, wie Kaugummi an einem Schuh? Indem Sie diese verstehen, öffnen Sie Türen zu besseren Beziehungen, einer besseren Karriere und einem besseren Selbst.

Wir werden mit Selbstbewusstseins-Techniken beginnen und Sie dabei unterstützen, diese hartnäckigen Denkgewohnheiten zu erkennen. Sie werden auch einen Einblick in die Grundlagen der kognitiven Verhaltenstherapie (KVT) erhalten - keine Sorge, es ist einfacher als es klingt, aber unglaublich wirkungsvoll. Kämpfen wir nicht alle damit, Ziele zu setzen, die sich eher wie Träume anfühlen? Das Festlegen realistischer Ziele kann zu echtem Fortschritt führen, und wir zeigen Ihnen, wie das geht.

Wenn Sie sich ein wenig festgefahren fühlen (wir waren alle schon einmal dort), könnte dieses Kapitel Ihr Wendepunkt sein. Lesen Sie weiter, erfahren Sie, wie Sie sich auf Ihr inneres Selbst einstimmen können, und sammeln Sie praktische Selbstreflexionswerkzeuge auf dem Weg... bereit, ein klareres, bewussteres Selbst zu entfesseln!

Selbstreflexions-Techniken

Sich selbst zu verstehen beginnt mit dem Stellen von **tiefergehenden Fragen**. Wir alle tragen Überzeugungen in uns, die unsere Gedanken formen und... oft sind sie verborgen. Zum Beispiel, nehmen wir an, du schiebst es immer auf, in Meetings auf der Arbeit zu sprechen. Hast du dich schon gefragt warum? Oft kommt diese Zögerlichkeit aus der Angst davor, falsch verstanden oder beurteilt zu werden. Versuche, mit dir selbst zu sitzen - einfach an einem ruhigen Ort - und denke, "Warum fühle ich mich deswegen nervös?"

Dann notiere jeden einzelnen Grund, der dir einfällt. Bald wirst du vielleicht ein Muster bemerken. Dinge wie "Ich habe Angst, dass die Leute denken, ich bin dumm" oder "Was ist, wenn ich es nicht richtig mache?" Diese verborgenen Überzeugungen sind die Schuldigen hinter deinem übermäßigen Nachdenken.

Ein weiteres mächtiges Werkzeug beinhaltet das Überprüfen, wie du dich körperlich fühlst. Es mag ein bisschen seltsam klingen, es aufzuschreiben, aber unser Körper sendet uns Signale über unsere Emotionen. Hast du schon einmal darauf geachtet, wann sich deine Schultern verspannen oder dein Magen sich unwohl anfühlt? Das sind die Art und Weise, wie dein Körper dir sagt, dass etwas nicht stimmt. Einmal, während eines stressigen Projekts, bemerkte ich, dass mein Kiefer sich ständig verkrampfte. Es war erst, als ich innehielt und mich fragte, "Was passiert hier?" dass ich realisierte, dass ich besorgt war, die Frist einzuhalten. Das nächste Mal, wenn du etwas körperlich spürst, ignoriere es nicht - frage dich, was es dir sagen will.

Auslöser spielen ebenfalls eine große Rolle. Diese können spezifisch für eine Person, eine Situation oder sogar einen Ort sein. Es kann einen großen Unterschied machen, zu identifizieren, was dich dazu bringt, ins übermäßige Nachdenken zu geraten. Vielleicht fängst du an, über Dinge zu grübeln, wann immer eine Frist näher rückt oder nachdem du dich mit einer bestimmten Person getroffen hast. Notiere diese Situationen und mit der Zeit wirst du beginnen, Muster zu erkennen.

Diese Auslöser tatsächlich zu erkennen ist nicht so kompliziert, wie es klingt; es beginnt mit guter, alter Beobachtung. Lass uns Schritt für Schritt vorgehen, um damit umzugehen:

- **Erkenne den Auslöser**

  Wenn du bemerkst, dass negative Gedanken einsickern, pausiere. Identifiziere, was gerade passiert ist. War es ein bestimmter Kommentar? Ein bevorstehendes Ereignis? Schau es dir an, werde neugierig.

- **Reflektiere über die Emotion**

  Schau nach innen und finde heraus, welche spezifische Emotion du fühlst. Ist es Wut, Angst, Traurigkeit oder vielleicht sogar eine Mischung aus mehreren?

- **Hinterfrage die Überzeugung**

  Frage dich, "Ist dieser Gedanke rational?" Wenn der Auslöser eine Kritik von jemandem ist, denke zurück... haben andere Kritiken langanhaltende negative Auswirkungen gehabt? Oft wirst du feststellen, dass diese Gedanken übertriebene Ängste sind - Überreste vergangener Erfahrungen, die nicht mehr relevant sind.

"Die meisten Probleme, emotional oder anderweitig, können in zwei Kategorien eingeteilt werden - die kurzfristigen und die langfristigen."

- **Handle oder Formuliere den Gedanken neu**

Nachdem du ihn analysiert hast, entscheide, was du tun kannst. Kann der Auslöser entfernt oder vermieden werden? Wenn nicht, wie kannst du anders darüber denken? Das Neuformulieren bedeutet, die andere Seite zu sehen. Vielleicht ist diese Kritik auf der Arbeit eine Chance zum Wachsen anstatt ein Angriff.

- **Übung und Geduld**

  Das wird es nicht sofort beheben. Glaube mir, wenn dem so wäre, würde dieses Buch nur eine Seite lang sein. Aber mit der Zeit kannst du dich vom Reagieren zum Verstehen und schließlich zur Regulierung dieser fiesen Auslöser bewegen.

Bewusstsein ist ein machtvoller Anfang, aber um alles zusammenzufassen, erfordert unsere Reise der Selbstentdeckung und des Bewusstseins kontinuierliche Anstrengung. Deine Gedanken sind nicht du - sie sind nur Gedanken. Lerne, mit ihnen zu sitzen, ihre Quelle zu entwirren, und du wirst die Veränderung beginnen zu bemerken.

Also gut, lass uns reflektieren. Nutze diese Techniken, fange klein an und beobachte einfach den Unterschied, den es macht.

Erkennung von Denkmustern

Jeder hat diese Momente, in denen bestimmte Themen immer wieder in seinem Kopf auftauchen... richtig? Diese Themen können aufschlussreich sein. Versuchen Sie zunächst, **wiederkehrende Themen in Ihren Gedanken zu bemerken**. Vielleicht ist es die quälende Sorge um ein vergangenes Ereignis, oder vielleicht können Sie das Gefühl, nicht gut genug zu sein, nicht abschütteln. Diese immer wiederkehrenden Themen geben Ihnen Hinweise darauf, was Ihren mentalen Raum einnimmt.

Interessanterweise können Sie, wenn Sie zwischen hilfreichen und schädlichen Gedanken unterscheiden, anfangen, sich durch das mentale Durcheinander zu kämpfen. Hilfreiche Gedanken stärken und motivieren - wissen Sie, wie wenn Sie sich daran erinnern, Ihre Bemühungen zu schätzen. Auf der anderen Seite neigen schädliche Gedanken dazu, negativ und kritisch zu sein und Sie herunterzuziehen. Stellen Sie sich eine Schleife in Ihrem Kopf vor, die Dinge sagt wie "Ich bin nicht fähig" oder "Ich mache immer alles kaputt." Es ist entscheidend zu bestimmen, welche Gedanken zu Ihrem Wachstum beitragen und welche Sie nur belasten.

Das Verfolgen von Denkmustern kann ein mächtiges Werkzeug sein, um diese mentalen Gewohnheiten in den Griff zu bekommen. Führen Sie ein kleines Tagebuch, notieren Sie, was Ihnen während freier Momente oder nach bestimmten Auslösern durch den Kopf geht. Nicht als Hausaufgabe, sondern eher wie ein freundliches Gespräch mit sich selbst. Diese Notizen können aufschlussreich sein.

Hier sind einige Schritte, um diesen Prozess effektiv zu gestalten:

- **Halten Sie es einfach**

  Schreiben Sie auf, was Ihnen durch den Kopf geht, ohne es zu beurteilen. Denken Sie daran, als würden Sie mit einem Freund sprechen. Listen Sie einfach Ihre Gedanken auf, wann immer Sie einen ruhigen Moment finden.

- **Erkennen Sie die gemeinsamen Themen**

  Gehen Sie nach einer Woche oder so durch Ihre Notizen. Bemerken Sie bestimmte Muster? Tauchen bestimmte Sorgen oder Gedanken häufiger auf?

"Ein Grund, warum es wichtig ist, sich Ihrer Gedanken bewusst zu werden, ist, dass es Ihnen ermöglicht, Ihre Geschichte zu ändern."

- **Sortieren Sie sie aus**

  Verwenden Sie als Nächstes zwei verschiedene Marker oder Stifte. Weisen Sie einem Farbton hilfreiche Gedanken und einem anderen schädliche zu. Sie werden schnell erkennen, welcher Typ in Ihrem täglichen Denken überwiegt.

- **Bewältigen Sie die schädlichen Gedanken**

  Wenn Sie diese schädlichen Gedanken bemerken, ignorieren Sie sie nicht. Fragen Sie sich: "Warum denke ich so?" Das Verständnis des 'Warums' kann Ihnen helfen, eine praktische Lösung zu finden. Sind diese Gedanken wirklich sachlich oder handelt es sich um übertriebene Ängste?

- **Ersetzen und neu formulieren**

  Wechseln Sie, indem Sie schädliche Gedanken durch hilfreiche ersetzen. Statt zu sagen, "Ich mache immer alles kaputt," versuchen Sie, "Ich habe einen Fehler gemacht, aber ich kann daraus lernen." Es mag anfangs seltsam oder sogar erzwungen erscheinen, aber es geht darum, neue mentale Gewohnheiten zu schaffen.

Die Umsetzung dieser Schritte kann wirklich verändern, wie Sie Ihre Denkprozesse betrachten und handhaben. Ja, Sie werden ein wenig Ausdauer benötigen, aber es lohnt sich total.

Wenn Sie beispielsweise oft denken, "Ich bin in nichts gut," fordern Sie dies heraus, indem Sie Dinge auflisten, die Sie tatsächlich gut machen - groß oder klein. Ändern wir die schädlichen Skripte, die Ihr Verstand immer wieder abspielt.

Fetten Ideen und Hinweise auf die Wendepunkte. Behalten Sie im Hinterkopf, dass schädliche Gedanken von Zeit zu Zeit auftauchen werden; der Geist jedes Menschen ist in das involviert, was einige "mentales Geplapper" nennen. Aber sich dessen bewusst zu sein bedeutet, dass Sie diese Gedanken steuern können, anstatt sie Sie steuern zu lassen.

Das Erkennen dieser Muster, das Archivieren Ihrer mentalen Aufnahmen... es geht um weit mehr als nur darum, sie aufzuschreiben; Sie lenken Ihr gegenwärtiges und zukünftiges mentales Wohlbefinden.

Grundlagen der Kognitiven Verhaltenstherapie (KVT)

Zu verstehen, wie unsere **Gedanken**, **Emotionen** und **Verhaltensweisen** zusammenhängen, kann ein echter Spielveränderer sein. Man denkt, dass alles getrennt ist, aber oft kreisen Ihre **Stimmungsschwankungen**, die Art und Weise, wie Sie handeln, und diese nervigen negativen Überzeugungen um dieselben Kernprobleme. Diese ständige Schleife kann Sie festhalten. Wenn Sie anfangen zu erkennen, dass Ihre Gedanken und Gefühle direkt zu Ihren Handlungen führen, wird es einfacher, die Kontrolle über Ihre Reaktionen zu übernehmen.

Lassen Sie uns dies anhand eines nachvollziehbaren Beispiels aufschlüsseln:

Sie stoßen sich an einem Stuhl den Zeh. **Der unmittelbare Gedanke** könnte sein: "Typisch, mir passiert immer alles Schlechte." Sie spüren einen Stich in Ihrer Stimmung - frustriert, vielleicht sogar wütend. Dieses Gefühl drängt Sie dann zu einer Reihe von Handlungen; Sie könnten den Stuhl treten, einige nicht so nette Worte murmeln oder eine Weile schmollen. Sehen Sie, wie ein einziger Gedanke Ihre Gefühle und Handlungen in eine bestimmte Richtung zieht?

Nun, was ist, wenn Sie beginnen, Ihre Denkweise zu ändern? "Meinen Zeh anzustoßen ist ärgerlich, aber nicht das Ende der

Welt." Das setzt eine völlig andere Tonart. Vielleicht zucken Sie zusammen und lachen darüber.

- **Erkennen Sie den negativen Gedanken.** Achten Sie jedes Mal darauf, wenn ein negativer Gedanke in Ihrem Kopf auftaucht. Fühlen Sie sich nach einem Fehler niedergeschlagen? Haben Sie bemerkt, dass der Himmel nicht so blau ist, wie Sie es wollten? Das ist die Negativität, die an Ihren Gedanken zerrt.
- **Hinterfragen Sie ihn.** Fragen Sie sich, ob dieser Gedanke fair ist. Ist er rational? Haben Sie Fakten, die ihn unterstützen, oder spielt Ihr Verstand Ihnen einen Streich? Entlassen werden - bin ich wirklich wertlos, oder hat das Unternehmen aus durchaus breiteren Gründen Personal abgebaut (etwas, das zu 90% außerhalb Ihrer Kontrolle liegt)?
- **Umfunktionieren Sie ihn.** Nehmen Sie diesen hinterfragten Gedanken und tauschen Sie ihn gegen etwas Positiveres aus. "Ich habe bei der Arbeit versagt" wird zu "Selbst die Besten machen Fehler - und jeder ist eine Chance zu wachsen".

Es geht darum, diese irrationalen Überzeugungen wie "Ich muss perfekt sein" oder "Jeder beobachtet jede meiner Bewegungen" zu erkennen. Oftmals schweben diese Gedanken herum, ohne viel Unterstützung. Und wissen Sie was? Fangen Sie sie ein, stellen Sie sich ihnen entgegen und formulieren Sie sie um.

Nun, lassen Sie uns diesen fordernden Kreislauf anhand einer praktischen Begebenheit auseinandernehmen,... beeindruckend, oder?

Angenommen, Sie sind überzeugt, dass Sie immer scheitern. Sie haben sich für einen neuen Tanzkurs angemeldet, sind aber noch nicht einmal erschienen, weil "Warum sich die Mühe machen, ich werde es nicht richtig machen".

- Beginnen Sie damit, die Beweise auf beiden Seiten aufzulisten:
  - Haben Sie in Ihrem Leben wirklich jedes einzelne Ding vermasselt? Wahrscheinlich nicht, es müssen Erfolge vorhanden sein.
  - Gab es ähnliche Situationen, in denen die Dinge in Ordnung waren?
- Konfrontieren Sie nun den Gedanken. Ungerechte Überzeugungen sind Hammer, die das Selbstwertgefühl zerstören.

"Unsere Gedanken übernehmen weitgehend die Kontrolle, wenn wir sie lassen - halten stählerne Zügel, bewachen hart unsere mentalen Bollwerke."

Herausforderung Irrationaler Überzeugungen:

- **Bemerken Sie die Überzeugung.** Oft unbemerkt, einfach hin und her rollend in unseren Köpfen auf unsichtbaren Schleifen.
- **Beweisbewertung.** Sammeln Sie echte Beispiele und faktische Gegenargumente. Haben diese vergangenen Annahmen wirklich jede Handlung bestimmt?
- **Ersetzen Sie das Irrationale durch Positives.** Gehen Sie über "Das wird nie funktionieren" hinaus in realistisch getöntes "es besteht die Möglichkeit eines Fehlers, aber hier gibt es auch viel zu lernen".
- Vielleicht hilft es, Gedanken auf Papier zu schreiben (manchmal werden diese unübersichtlichen Netze im Text klarer).
- Sprechen Sie Vorbereitungsanweisungen laut aus wie "Ist es wirklich so schlimm geworden, oder erfordern das Überspringen dieser von Angst getriebenen 'Was-wäre-wenns' klare Überlegungen?".

Zu guter Letzt, eine Prise sanfter Selbstfreundlichkeit,... wenn ein großer Rückschlag durch Ihr Schleifensystem tickt, die grundlegende - aber oft übersehene - Realität: Sie sind genauso fähig und verdienen es genauso wie der Typ oder das Mädchen, die neben Ihnen die Salsa-Routine perfekt beherrschen. Halten Sie Ihre Gedanken positiv umgeben!

Werkzeuge zur Selbstreflexion

Selbstreflexion kann einschüchternd wirken, besonders wenn wir unsicher sind, wie wir unseren Fortschritt messen sollen. Es ist leicht, im Alltag verloren zu gehen, ohne unsere Entwicklung zu überprüfen. Schauen wir uns einige praktische Werkzeuge an, um diesen Prozess strukturierter und aufschlussreicher zu gestalten...

Die Verwendung objektiver Kriterien - wie spezifischer, messbarer Ziele - ist ein hilfreicher Ansatz. Denken Sie darüber nach, wo Sie vor sechs Monaten waren. Vielleicht wollten Sie geduldiger werden. Nun fragen Sie sich (ehrlich, natürlich), "Finde ich mich jetzt ruhig auf Situationen reagierend, die mich früher frustriert hätten?" Das Festhalten solcher greifbaren Veränderungen gibt Ihnen etwas Reales zum Nachdenken, hilft, vage Gefühle durch klaren, nachverfolgbaren Wachstum zu ersetzen.

Introspektive Fragen sind ein weiterer großer Verbündeter. Manchmal kann die richtige Frage Türen in Ihrem Verstand öffnen, von deren Existenz Sie nichts wussten. Hier sind einige, die Sie ausprobieren können:

- Welche Handlungen haben mich in dieser Woche meinen Zielen näher gebracht?
- Wie haben meine Beziehungen in letzter Zeit mein Glück beeinflusst?
- Welche Gewohnheiten arbeiten gegen mich und warum?

Wenn Sie nur ein paar Minuten damit verbringen, über diese Fragen nachzudenken, werden Sie wahrscheinlich Muster und Gedanken aufdecken, von denen Sie nicht wussten, dass sie da waren. Diese

Art der Befragung geht über die Oberfläche hinaus und hilft Ihnen, tiefer in Ihr echtes Selbst einzutauchen.

Regelmäßige Selbstbewertungen können Sie auf Kurs halten. Nehmen Sie sich wöchentlich oder monatlich Zeit, je nachdem, was sich richtig anfühlt, um zu überprüfen, wie es Ihnen mit Ihren Zielen und introspektiven Antworten ergangen ist. Es ist hilfreich, diese als Check-ins mit sich selbst zu behandeln - eine Gelegenheit für ehrliche Gespräche.

Schritt 1: Setzen Sie das Ziel

Definieren Sie, was Sie konkret erreichen möchten. Eine bessere Beziehung zu einem Familienmitglied? Möchten Sie Geduld in stressigen Situationen üben? Ihr Ziel sollte klar und spezifisch sein.

Schritt 2: Festlegen einer Ausgangsbasis

Beachten Sie, wo Sie sich derzeit mit Ihrem Ziel befinden. Schreiben Sie beispielsweise Ereignisse auf, die Ihr aktuelles Verhalten in Bezug auf Ihr Ziel zeigen - um einen ehrlichen Überblick zu haben.

Schritt 3: Wöchentliche Absichten

Setzen Sie für jede Woche kleine, erreichbare Ziele, die zu Ihrem Hauptziel beitragen. Sie wollen Geduld? Planen Sie, Atemtechniken zu üben, wenn die Dinge hitzig werden - definieren Sie, wie "Erfolg" in diesen Situationen aussieht.

Schritt 4: Introspektive Nachfragen

Beenden Sie jede Woche, indem Sie diese introspektiven Fragen erneut betrachten. Fragen Sie sich zum Beispiel: "Welche Situationen haben mir geholfen, meine Geduld zu üben?" Ihre Antworten können sowohl Stärken als auch Verbesserungsbereiche beleuchten.

Schritt 5: Monatliche Reflexion

Sammeln Sie jeden Monat Ihre wöchentlichen Check-ins und betrachten Sie das große Ganze. "Habe ich mich insgesamt verbessert?" Selbst kleine Siege zählen und werden sich ansammeln.

Schritt 6: Passen Sie entsprechend an

Niemand ist perfekt. Manchmal müssen Ziele und Methoden angepasst werden. Ändern Sie den Kurs, wenn etwas nicht stimmt.

Schritt 7: Belohnen Sie Ihre Bemühungen

Praktische Selbstreflexion geht nicht nur darum, Fehler zu finden. Feiern Sie die Siege, egal wie klein sie sind. Diese werden Ihre Moral steigern und Sie motivieren, für ein bedeutungsvolleres Wachstum weiterzumachen.

Regelmäßiges und ehrliches Nachdenken, während Sie sowohl Stärken als auch Lücken bewerten, gewährleistet kontinuierliche Selbstverbesserung im Einklang mit Selbstfreundlichkeit.

"Sich selbst zu verstehen ist der Anfang von Weisheit, und Verständnis entsteht durch Reflexion und Selbstanalyse, nicht durch oberflächliche Beurteilung."

Selbstbewusstsein ist ein lebensveränderndes Werkzeug ... und eine Reise. Indem Sie mit diesen Schritten beginnen, werden Sie eine Version der persönlichen Reflexion schaffen, die selbstbewusst, freundlich und wirklich Sie ist. Mit Ihrem Wachstum wird auch Ihr Selbstverständnis wachsen und Ihre Sicht auf die Welt und Ihren Platz darin radikal verbessern.

Realistische Ziele setzen

Beim Nachdenken über Ziele ist es hilfreich, klein anzufangen...und sie in überschaubare Aufgaben aufzuteilen. Dies verhindert, dass Sie überfordert werden und erleichtert es, in Bewegung zu bleiben. Wenn Sie zum Beispiel vorhaben, ein Buch zu schreiben, denken Sie nicht an die 100.000 Wörter, die Sie benötigen. Teilen Sie es stattdessen in tägliche Schreibaufgaben auf – vielleicht 500 Wörter pro Tag. Dieser Ansatz hält den Fortschritt konstant und fühlt sich viel machbarer an.

Als Nächstes sollten Sie Ihre Werte und Stärken berücksichtigen. Ihre Ziele sollten mit dem resonieren, was Ihnen wichtig ist und worin Sie gut sind; dies wird die Arbeit reibungsloser und befriedigender gestalten. Angenommen, Sie schätzen Kreativität und haben ein Händchen für Design. Das Ziel, Ihr Online-Portfolio zu aktualisieren, passt perfekt zu Ihren Werten und Stärken. Sie werden den Prozess wahrscheinlich mehr genießen und dabei bleiben.

Zeitrahmen sind ebenfalls entscheidend. Das Setzen von Fristen schafft ein Gefühl der Dringlichkeit und hilft dabei, den Fortschritt im Auge zu behalten. Aber machen Sie sich keine Sorgen, wenn Sie Ziele anpassen müssen. Flexibilität ist wichtig. Vielleicht haben Sie geplant, eine Aufgabe innerhalb einer Woche abzuschließen, stellen aber fest, dass Sie mehr Zeit brauchen. Das ist in Ordnung – verlängern Sie den Zeitrahmen etwas, anstatt aufzugeben.

Identifizieren Sie Ihr großes Ziel

Nehmen Sie ein großes Ziel, das Ihnen im Kopf herumschwirrt – aber immer zu überwältigend schien. Schreiben Sie es auf.

In kleine Aufgaben unterteilen

Betrachten Sie Ihr großes Ziel und notieren Sie die einzelnen Dinge, die Sie angehen werden. Jede Aufgabe sollte in kurzer Zeit machbar erscheinen. Kein Schritt ist in dieser Phase zu klein.

Mit Ihren Werten und Stärken abstimmen

Überprüfen Sie diese kleinen Aufgaben. Entsprechen sie dem, was Ihnen wichtig ist und worin Sie gut sind? Wenn nicht, passen Sie sie an, bis sie es tun. Ihnen fällt es dann leichter, engagiert zu bleiben.

Zeitrahmen setzen

Legen Sie für jede Aufgabe eine Frist fest. Diese können wöchentlich oder täglich sein, je nach Größe. Stellen Sie nur sicher, dass sie realistisch, aber auch ein wenig herausfordernd sind – wie ein freundlicher Schubs.

Bei Bedarf anpassen

Das Leben ist unvorhersehbar. Manchmal verläuft nicht alles nach Ihrem Zeitplan. Alles klar...das ist das Leben. Passen Sie diese Fristen bei Bedarf an, aber geben Sie nicht auf.

Als ich mein Projekt in Angriff nahm, einen Marathon zu laufen, fand ich es überwältigend, an 42,195 Kilometer auf einmal zu denken. Also unterteilte ich den Marathon in kleinere Etappenziele – zuerst einen Kilometer laufen, dann drei, dann fünf. Jeder kleine Erfolg steigerte mein Selbstvertrauen. Brauchen Sie zusätzliche Motivation? Hier ist eine großartige Erinnerung:

"Jede kleine Vollendung ist ein Schrittstein zu Ihrem großen Ziel."

Stimmen Sie jede Aufgabe mit Ihren persönlichen Werten und Stärken ab. Das Laufen war für mich wichtig, weil es Freiheit und Widerstandsfähigkeit repräsentierte. Das Wissen darum hielt mich auch an den faulen Tagen dazu an, meine Schuhe zu schnüren. Wenn Sie Ihre Handlungen mit dem in Einklang bringen, was Ihnen wichtig ist, fühlt sich jeder kleine Schritt in Richtung Ihres Ziels bedeutungsvoll an.

Zusammenfassend bringen diese Schritte Klarheit und geben Ihren Bemühungen eine Richtung. Indem Sie Ziele aufteilen, sie mit persönlichen Werten in Einklang bringen, Zeitrahmen setzen und flexibel bleiben, ist es erstaunlich, wie viel Sie erreichen können, ohne in Komplexität zu versinken. Und seien wir ehrlich – kleine Erfolge fühlen sich gut an...nicht wahr?

Auf diese Weise können Sie die Art und Weise ändern, wie Sie jedes Ziel in Ihrem Leben angehen. Und wer braucht nicht ein wenig mehr Geradlinigkeit und Zufriedenheit in seinem täglichen Streben? Es geht darum, diese großen Träume handhabbar und erreichbar zu machen. Halten Sie die Dinge einfach, nachvollziehbar und vor allem genießbar.

Lasst uns praktisch werden!

Okay, wir haben unsere Zehen in Kapitel 4 über **Bewusstsein und Selbstverständnis aufbauen** getaucht. Es geht darum, diese flüchtigen Gedanken zu erfassen, unsere Gefühle zu spüren (ja, auch die nicht so tollen) und im Grunde genommen ein Verständnis dafür zu bekommen, wer wir sind. Lassen Sie uns Schritt für Schritt in die Praxis umsetzen, was wir gelernt haben!

Schritt eins: Verankere dich im Jetzt

Okay, tief durchatmen. Ein... und aus... Dieser Schritt soll dich voll und ganz in diesen Moment bringen. Manchmal ist es schwer, sich zu konzentrieren, wenn der Geist überall ist.

Denke oder sage:

"Ich bin hier, genau jetzt."

Setz dich irgendwo bequem hin, oder steh vielleicht auf, wenn du der nervöse Typ bist – sei einfach dort, wo du dich wohlfühlst. Während du ein- und ausatmest, stelle dir vor, dass jeder Gedanke oder jede Empfindung dich in der Gegenwart verankert. Spüre deine Füße auf dem Boden, bemerke, was um dich herum ist... Je mehr du bemerkst, desto präsenter wirst du sein.

Schritt zwei: Erkenne deine Gedankenmuster

Als nächstes, lass uns diese Gedankenmuster in Aktion erkennen. Schnapp dir ein Notizbuch (oder mache eine mentale Notiz, wenn Schreiben nicht dein Ding ist).

Denke oder sage:

"Was beschäftigt gerade meinen Kopf?"

Notiere nun alle Gedanken, die dir einfallen. Es könnte alles sein – der Streit, den du vor einer Woche hattest, der Stress über morgen... Kein Urteil, einfach festhalten. Zum Beispiel könntest du schreiben: "Ich denke immer wieder daran, wie unbeholfen ich gestern Abend beim Abendessen war."

Schritt drei: Wende Grundlagen der kognitiven Verhaltenstherapie (KVT) an

Hier kommt der spaßige Teil der kognitiven Verhaltenstherapie (KVT) ins Spiel. Die Gedanken, die du aufgeschrieben hast? Lass sie uns genauer betrachten.

Nimm einen Gedanken und analysiere ihn:

- Identifiziere die Emotion dahinter (z.B. "Ich fühle mich peinlich berührt über das gestrige Abendessen").
- Fordere diesen Gedanken heraus. Frage:
  o Gibt es Beweise für diesen Gedanken?
  o Welche Beweise gibt es dagegen?

Zum Beispiel: "Beweise dafür: Ich habe einen seltsamen Kommentar abgegeben. Beweise dagegen: Alle haben gelacht und das Gespräch ging schnell weiter."

Schritt vier: Verwende Werkzeuge zur Selbstreflexion

Jetzt verschmelzen wir diese Schritte zu einer tiefen Selbstreflexion. Hast du immer noch dein Notizbuch? Super. Denke darüber nach, wie diese Gedanken und Gefühle dein Selbstbewusstsein beeinflussen.

Fragen zum Nachdenken oder Aufschreiben:

- Wie oft findest du dich in ähnlichen Gedankenmustern wieder?

- Was sagen dir diese Muster über dich selbst?

Zum Beispiel: "Ich mache mir oft Sorgen, in sozialen Situationen missverstanden zu werden. Das bedeutet wahrscheinlich, dass mir Klarheit und Verbindung wichtig sind."

Schritt fünf: Setze realistische Ziele

Diese Übungen gehen über reine Nostalgie oder Stress hinaus – lass uns einige umsetzbare Ziele setzen! Deine Ziele sollten darauf abzielen, dich selbst besser kennenzulernen, mit all deinen Eigenheiten.

Denke an ein einfaches Ziel:

- "Ich werde einmal am Tag üben, meine negativen Gedanken in Frage zu stellen."
- "Ich werde jeden Abend fünf Minuten damit verbringen, meine Gedanken und Gefühle vom Tag aufzuschreiben."

Zum Beispiel: "Jeden Abend werde ich über etwas schreiben, das mich während des Tages gestört hat, und ein paar Minuten damit verbringen, negative Gedanken mit positiven Beweisen zu hinterfragen."

Schritt sechs: Umsetzen und überprüfen

Du möchtest, dass dies nicht nur eine einmalige Sache ist. Verpflichte dich dazu, diese Schritte in deine tägliche Routine zu integrieren. Dann, nach einer Woche oder zwei, überprüfe es.

Halte Rückschau:

- Wie läuft es? (Helfen dir diese Aktivitäten?)
- Fühlst du dich mehr im Einklang mit deinen Gedanken und Gefühlen?
- Gibt es Überraschungen bezüglich deiner Gedankenmuster?

Beispielhafte Rückschau: "Ich habe bemerkt, dass das regelmäßige Hinterfragen meiner negativen Gedanken verhindert, dass sie außer Kontrolle geraten. Es überrascht mich, Beweise gegen viele meiner Sorgen zu finden!"

Bleibe locker, sei freundlich zu dir selbst. Manche Tage werden leichter sein als andere, und das ist in Ordnung. Diese Übung geht darum, zu lernen und sich allmählich zu einem bewussteren und selbstverständlicheren Selbst zu entwickeln.

Also, bleib präsent und lass uns das... Schritt für Schritt meistern!

Kapitel 5:
Neuformulierung und Umstrukturierung von Gedanken

"Der Geist ist alles. Was du denkst, das wirst du."

Willkommen zu einem aufregenden Kapitel, in dem wir unser Denken durcheinander bringen und lernen, wie man anders denken kann. Dieses Kapitel dreht sich ganz um die Neuformulierung und Umstrukturierung unserer Gedanken - etwas unglaublich Nützliches in unserem täglichen Leben (mehr, als du vielleicht glaubst).

Hast du dich schon einmal in einer Schleife negativen Denkens festgefahren gefühlt? **Du bist nicht allein.** Wir alle tun das, aber die großartige Nachricht ist - du kannst das ändern (ja, wirklich). Wir werden einige erstaunliche Techniken für kognitive Umstrukturierung erkunden und uns mit positiven Selbstgesprächsstrategien vertraut machen. Klingt es nicht großartig, diese *nicht so hilfreichen Gedanken* zu erkennen und sie in etwas umzuwandeln, das tatsächlich gut für dich ist?

Aber Moment mal - es gibt noch mehr. Das ABC-Modell (Aktivierendes Ereignis, Glaube, Konsequenz) ist wie eine Mini-Roadmap für unsere Gedanken und Reaktionen. Du wirst es lieben, etwas über dieses Modell zu lernen. Als nächstes werden wir uns mit praktischen Beispielen und Anwendungen beschäftigen - und es dir leicht machen, **reale Vorteile** aus der Neuformulierung deiner Gedanken zu erkennen.

Und als ob das nicht genug wäre, werden wir mit täglichen Gedanken-Neuformulierungsübungen enden, damit du regelmäßig üben und Verbesserungen schneller sehen kannst, als du denkst.

Neugierig? Bereit, deine Denkweise zu ändern und dich für ein glücklicheres, positiveres Leben zu positionieren? Lese weiter! Du wirst jede Menge Werkzeuge und Einsichten finden, um **das volle Potenzial deines Geistes auf eine ganz neue Art und Weise zu nutzen**.

Techniken für kognitive Umstrukturierung

Hey! Wenn es um **kognitive Umstrukturierung** geht, geht es darum, wie du denkst zu verändern, um dich besser zu fühlen. Es ist entscheidend, diese hinterhältigen **kognitiven Verzerrungen** zu erkennen. Mein Favorit ist es, sie aufzuschreiben - das hilft zu sehen, was in deinem Kopf herumwirbelt. Im Wesentlichen sind dies übertriebene Gedanken, die deinen Tag ruinieren. Stell dir vor: Du hast einen winzigen Fehler bei der Arbeit gemacht und jetzt bist du überzeugt, dass du gefeuert wirst. Das nennen wir "katastrophisieren", wo wir Dinge maßlos überdramatisieren.

Manchmal denken wir in Schwarz-Weiß. Zum Beispiel bekommst du eine "B" in einem Test, und dann herrscht nur noch Untergangsstimmung, weil alles unter einem "A" ein Versagen ist, oder? Fang diese unlogischen Gedanken ein, sobald sie auftauchen. Sie rauben uns unsere Freude - das tun sie wirklich.

Ok, dann ist es Zeit, diese lästigen **negativen Überzeugungen** in Frage zu stellen. Was du als Nächstes tust, ist super wichtig... Wie ein mentales Debattieren. Lass uns unser Beispiel mit dem "gefeuert werden" nutzen: Frag dich selbst - ist es wahr? Ist es schon einmal passiert? Gibt es tatsächliche Beweise? Oftens nicht. (Übersetzung: Dein Verstand spielt dir einen Streich.)

Denk mal so darüber nach: Wenn ein Freund diese Ängste teilen würde, würdest du sie bestätigen? Wahrscheinlich nicht! Du würdest mitfühlend hinterfragen und zurückweisen. Mach das auch für deinen eigenen Verstand. Wir sind so hart zu uns selbst!

Ersetze mit ausgewogenen Gedanken. Sobald du Löcher in deine negativen Überzeugungen gestochen hast, ist es an der Zeit, die Dinge zu verändern. Lass uns diese Stresssituation wegen des Gefeuertwerdens mit etwas Ausgewogenerem ersetzen, wie zum Beispiel: "Ich habe einen Fehler gemacht, aber ich kann ihn beheben, ich habe hier gute Arbeit geleistet." Siehst du, was hier passiert ist? Du beruhigst dich selbst mit einer realistischen, positiven Aussage.

Es mag sich anfangs vielleicht unbeholfen oder erzwungen anfühlen... Ganz wie das Tragen eines neuen Paars Schuhe, aber es wird besser, je mehr du übst. Betrachte jeden verzerrten Gedanken in drei Schritten:

- **Identifiziere die Verzerrung.** Schreibe auf, was du denkst. "Ich habe eine Aufgabe vermasselt - ich werde meinen Job verlieren."
- **Herausforderung der Überzeugung.** Ist das wirklich sicher? Was ist das Schlimmste, was passieren könnte? Ist es realistisch oder wahrscheinlich? Mach es zu einer kleinen Fragerunde mit dir selbst.
- **Ersetze mit ausgewogenen Gedanken.** Ersetze die Angst durch Fakten. "Ein Fehler bedeutet nicht gleich Katastrophe. Ich habe auch Lob für meine Arbeit erhalten."

Fange klein an, mit alltäglichen Beispielen. Ein Rezept vermasselt? Versuche etwas wie: "Nicht perfekt, aber ich habe gelernt. Das nächste Mal kann ich es optimieren." Einfach, oder?

Lass uns hier innehalten... Denn...

Unsere Gedanken steuern unsere Emotionen, die unsere Handlungen antreiben.

Ziemlich tiefgründig, aber wahr. Einfach durch das Ändern unserer Denkweise formen wir unsere Reaktionen und Momente um.

Nachdem du den Dreh raus hast, wirst du anfangen, das automatisch zu tun. Du brauchst vielleicht nicht einmal mehr Stift und Papier. Es geht nicht darum, das Leben perfekt zu machen - es geht darum, bessere mentale Gewohnheiten aufzubauen, um mit guten und schlechten Tagen umzugehen. Es ist nicht nötig, dein Wohlbefinden wegen eines verbrannten Abendessens oder eines unangenehmen Arbeitstelefonats zu gefährden.

Achte auf die Gespräche, die du mit dir selbst führst, mit der Absicht, freundlicher und konstruktiver zu sein. Du würdest einem Freund nicht sagen: "Du vermasselst immer alles!" Warum also zu dir selbst? Identifizieren... Herausfordern... und Ersetzen... Diese Techniken bringen Frieden - nicht Perfektion - ins Denken!

Strategien für positive Selbstgespräche

Okay, lasst uns über etwas sprechen, das wir alle brauchen – positive Selbstgespräche. Es ist so viel einfacher, hart zu uns selbst zu sein, als uns aufzubauen. Klingt vertraut, oder? Ein mächtiges Werkzeug, um daran zu arbeiten, sind **Affirmationen**. Ganz einfach sind Affirmationen positive Aussagen, die du dir selbst wiederholst. Es ist wie Signale der Ermutigung und des Glaubens an sich selbst auszusenden, und, glaub mir, die Vorteile können enorm sein.

Hier ist der Deal mit Affirmationen für Selbstbewusstsein – wähle einige aus, die dir nahegehen. Sie können so einfach sein wie "Ich bin wertvoll" oder "Ich bin stark." Sage sie jeden Morgen. Wiederhole sie, wenn du dir die Zähne putzt…schreibe sie auf Zettel und klebe sie an deinen Spiegel, deinen Schreibtisch, sogar in dein Portemonnaie. Sich in diesen Ritualen zu engagieren färbt dein tägliches Denken auf eine hellere Weise ein und kämpft gegen diese dunklen Gedanken, die anhalten.

Geben wir es zu – wir alle beteiligen uns zuweilen an negativem Selbstgespräch. Du könntest denken "Warum habe ich das Dumme gesagt?" oder "Ich kann nichts richtig machen." Rate mal? Es geht darum, dein Gehirn umzuprogrammieren, um dieses negative Selbstgespräch zu **kontern**. Wenn du diese kritische innere Stimme hörst, fordere sie heraus. Für jede Abwertung, kontere mit einem positiven Gegenschlag. "Warum habe ich das Dumme gesagt?" kann sich ändern zu "Nun, ich werde es beim nächsten Mal besser machen!" Denke an es wie ein mentales Tennis-Match, bei dem du entschlossen bist, jeden Punkt zu gewinnen.

Okay, hier sind ein paar praktische Tipps, um negatives Selbstgespräch zu kontern:

- Beachte die negativen Gedanken. Bewusstsein ist entscheidend.
- Antworte diesen Gedanken – buchstäblich! "Hey, das stimmt nicht!" (Mit sich selbst zu sprechen mag albern erscheinen, aber es ist effektiv.)
- Ersetze negative Aussagen sofort durch positive Affirmationen.

Ein hervorragendes Zitat fasst es zusammen:

"Negatives Selbstgespräch ist dein schlimmster Feind."

Negativität kann wie dieser klebrige Kaugummi unter einem Schreibtisch haften bleiben, aber Beharrlichkeit zermalmt sie.

Das bringt uns zu einem weiteren Goldstück – **innerer Motivation**. Hier ist eine einfache Übung, die funktioniert: visualisiere deine Ziele. Hast du ein großes Projekt oder eine Herausforderung vor dir? Nimm dir einige Minuten, schließe die Augen und stelle dir vor, wie du erfolgreich bist. Spüre die Aufregung, höre den Applaus (auch wenn es nur in deinem Kopf ist). Innere Motivation beginnt damit, wie du dich selbst siehst.

Das bringt mich zu **Ziel-Erinnerungen**. Schreibe deine Ziele auf. Klebe sie überall hin – Badezimmerspiegel, Kühlschrank in der Küche, in deinen Planer. Jedes Mal, wenn du sie siehst, bekommt dein Gehirn einen Schub Motivation.

Als nächstes, unterteile deine großen Ziele in kleinere Schritte:

- **Schritt 1:** Definiere dein Endziel. Einfach und klar.
- **Schritt 2:** Zerlege es in kleinere, überschaubare Aufgaben. Wenn es darum geht, fit zu werden – beginne mit einem 10-minütigen Spaziergang.
- **Schritt 3:** Füge diese Aufgaben deiner To-Do-Liste hinzu. Es ist ungemein befriedigend, sie abzuhaken!

Hast du jemals versucht, kleine Erfolge zu feiern? Das solltest du. Das hält das Feuer der Motivation am Brennen. Hast du ein Training abgeschlossen? Super, belohne dich mit etwas, das dir Spaß macht (wie das Anschauen einer Lieblingsfolge).

Kühne Aussage: Selbstwert kommt nicht daher, dass andere dich loben. Er wird in dir geboren und genährt. Das funktioniert einfach, aber Übung ist entscheidend. **Positive Selbstgespräche**, das Kontern dieser negativen Eindringlinge und die Motivation von innen heraus aufzuwühlen müssen zu deiner täglichen mentalen Ernährung werden.

Ehrlich gesagt, es kann zuweilen schwierig sein. Aber du bist stärker. Probiere diese Strategien aus und stehe aufrecht in deiner neuen, stärkenden mentalen Landschaft.

Das ABC-Modell (Aktivierendes Ereignis, Glaube, Konsequenz)

Lassen Sie uns beginnen, indem wir das **aktivierende Ereignis** herausfinden - das ist der Auslöser, das Ding, das alles in Gang setzt. Stellen Sie sich vor, Sie kommen nach Hause und sehen, dass Ihr Mitbewohner wieder einmal das Geschirr nicht gemacht hat. Das ist das aktivierende Ereignis. Vielleicht ist es etwas emotionaleres, wie ein Freund, der den ganzen Tag nicht auf Ihre Nachrichten antwortet. Das aktivierende Ereignis löst eine Reaktion aus, die sich zu einer großen Mischung aus Emotionen und Gedanken ausweiten kann.

Die Gefühle, die folgen, sind oft unmittelbar und intensiv. Sie sehen dieses schmutzige Geschirr und könnten sich wütend oder genervt fühlen. Ihr Freund antwortet Ihnen nicht und Sie fühlen sich besorgt oder vernachlässigt. Der Punkt ist, während das Ereignis selbst neutral ist (Geschirr im Waschbecken, Freund antwortet nicht), sind es Ihre Gefühle, die das Gewicht tragen.

Hier kommen **Glaubenssätze** ins Spiel. Sie wirken wie ein Filter - sie färben alles, was Sie sehen, fühlen oder denken. Nehmen wir an, Sie glauben, dass Menschen von Natur aus rücksichtslos sind; das Sehen des schmutzigen Geschirrs könnte diesen Glauben bestätigen. Plötzlich sind es nicht nur Geschirr - es ist eine Beleidigung, es wird persönlich. Vielleicht geht es nicht um Faulheit, vielleicht geht es um Respekt. Oder das Ausbleiben einer Antwort führt zu dem Glauben, dass Sie absichtlich ignoriert werden - alles basierend auf persönlichen Wahrnehmungen.

Konsequenz ist, wie sich diese Glaubenssätze auf Handlungen, Verhaltensweisen und weitere Gedanken auswirken. Wenn schmutziges Geschirr Respektlosigkeit impliziert, könnten Sie verbal ausrasten oder Ihre Gefühle in sich hineinfressen, was zu Spannungen führt. Wenn Sie glauben, dass Sie ignoriert werden, könnten Sie anfangen, den Freund zu meiden, beim nächsten Treffen wütend reagieren oder sogar Ihren Selbstwert in Frage stellen.

Das Verständnis, wie Glaubenssätze die Reaktion verzerren, ist entscheidend:

- **Aktivierendes Ereignis**: Schmutziges Geschirr, keine Antwort auf die Nachricht.
- **Glaube**: "Sie respektieren mich nicht" oder "Ich werde absichtlich ignoriert."
- **Konsequenz**: Wut, Rückzug, Spannungen in der Interaktion, geringes Selbstwertgefühl.

Um dies anzugehen, hier ist ein praktischer Schritt-für-Schritt-Ansatz:

- **Erkennen des aktivierenden Ereignisses**

  Beachten Sie, was Ihre emotionale Reaktion auslöst. Reflektieren Sie über Ihren Tag; erinnern Sie sich an Momente, die starke Gefühle hervorgerufen haben.

- **Identifizieren Ihrer Glaubenssätze**

  Dies könnte etwas dauern. Hinterfragen Sie das Erste, was Ihnen einfällt, das erklärt, warum das Ereignis Sie gestört hat. Liegt es daran, dass Sie es auf zugrunde liegenden Respektmangel zurückführen? Oder sehen Sie es als absichtliche Vernachlässigung?

- **Bewerten der Konsequenz**

  Identifizieren Sie Ihre unmittelbare emotionale und Verhaltensreaktion. Sind Sie verärgert, rächen Sie sich oder fühlen Sie Selbstmitleid? Nehmen Sie sich einen Moment, um diese zu notieren.

Lassen Sie dies mit einem Zitat als Leitfaden voll zur Geltung kommen--

"Sobald Sie Ihre Gedanken und Glaubenssätze bemerken, können Sie anfangen, bessere zu wählen."

Also, wie kann man Glaubenssätze verändern? Stellen Sie sich erneut vor - dieses schmutzige Geschirr stammt aus ihrem hektischen Zeitplan, genauso wie Ihrer, nicht aus Respektlosigkeit. Oder Ihr Freund hat sein Handy verloren, daher ist die Stille keine Beleidigung, sondern durch Umstände bedingt.

Durch Anwendung einer **objektiven Sichtweise** könnten Sie weniger emotionale Eskalation verspüren. Handlungen, die auf solche Reflexionen folgen, trennen intensive Reaktionen ab und schaffen Raum für eine vernünftige, ruhigere Interaktion. Adressieren Sie die Situation oder kommunizieren Sie, wie deren Handlungen Sie fühlen ließen, anstatt sofort zu hitzigen Aktionen überzugehen.

Beim nächsten Mal, wenn Sie auf das stoßen, was sich wie ein Hindernis anfühlt, versuchen Sie, den Zyklus der Gedanken anzupassen. Erkennen Sie den Auslöser, hinterfragen Sie das Reaktionsmuster - das ist klareres Denken!

Ist es nicht besser zu bemerken, wie das Filtern von Handlungen durch **Neustrukturierung von Glaubenssätzen** sich nicht nur auf Sie, sondern auch auf Ihre Beziehungen auswirkt? Probieren Sie es aus. Erkennen, hinterfragen und umleiten. Sie könnten überrascht sein.

Praktische Beispiele und Anwendungen

Das Nachdenken über die Anwendung von Techniken in Alltagssituationen kann einschüchternd wirken, aber es ist tatsächlich einfacher als man vielleicht erwartet. Es ist wie das Integrieren einer neuen Routine in Ihre täglichen Gewohnheiten – mit der Zeit wird es zur zweiten Natur. Ich werde einige Szenarien teilen, in denen diese Methoden ihren Weg in unser tägliches Leben finden, nahtlos von der Theorie zur Praxis übergehen. Sie werden sehen, dass es nicht lange dauert, bis alles zu klappen beginnt.

Stellen Sie sich vor, Sie fahren zur Arbeit und geraten in einen starken Verkehr – ein sofortiger Auslöser für Frustration. Anstatt die Verärgerung das Steuer übernehmen zu lassen, könnten Sie die Situation umformulieren, indem Sie denken: "Das gibt mir zusätzliche Zeit, um den Podcast zu hören, den ich genieße." Sie ignorieren die Verärgerung nicht, sondern strukturieren Ihre Gedanken um, um sich auf einen verborgenen positiven Aspekt zu konzentrieren. Plötzlich scheint der Arbeitsweg nicht mehr so furchtbar.

Oder stellen Sie sich eine Meinungsverschiedenheit mit einem Freund vor. Normalerweise könnten anhaltende negative Emotionen dominieren, Ihren Geist mit dem füllen, was gesagt wurde und was anders hätte sein sollen. Aber mit diesen Techniken versuchen Sie, auch ihre Perspektive zu betrachten – "Vielleicht hatten sie einen schweren Tag und wollten nicht so rüberkommen." Dieses Umschreiben kühlt nicht nur Ihren aufsteigenden Ärger ab, sondern könnte auch einen klareren Weg zur Lösung des Problems bieten.

Im täglichen Leben mit Kindern sind die Momente, in denen man diese Techniken anwenden kann, unerbittlich. Stellen Sie sich vor, ein Kind weigert sich, seine Hausaufgaben zu machen. Die Verärgerung ist echt – glauben Sie mir, Eltern können das bestätigen. Strukturieren Sie Ihre Gedanken um, um dies als Gelegenheit zu sehen, ihnen Zeitmanagement beizubringen, anstatt es als lästig zu betrachten. Denken Sie vielleicht: "Das ist eine Chance für mich, Geduld zu zeigen und Problemlösungsfähigkeiten vorzuleben." Das Familienleben kann sich mit nur einer kleinen Perspektivenänderung transformieren.

Lassen Sie uns zum beruflichen Leben übergehen. Ihr Vorgesetzter kritisiert Ihr Projekt, und die unmittelbare Reaktion neigt dazu, defensiv zu sein. Was ist, wenn Sie stattdessen ihre Kommentare als Wachstumschancen sehen? "Dieses Feedback wird dazu beitragen, meine Fähigkeiten zu verfeinern." Durch die Internalisierung dieses Umschwungs kann das, was wie ein Rückschlag erscheint, sich in einen Schrittstein zur Verbesserung verwandeln.

Das Umschreiben von Gedanken ist ähnlich – die Umstrukturierung, wie wir Situationen verarbeiten, um gesündere mentale Muster zu fördern. Lassen Sie uns dies in einen klaren Satz von Handlungen unterteilen:

- Identifizieren Sie den negativen Gedanken.
  - "Ich werde das nie richtig hinbekommen."
- Stellen Sie seine Gültigkeit in Frage:
  - "Welche Beweise habe ich wirklich, die dies unterstützen?"
- Ersetzen Sie ihn durch eine positive oder realistische Alternative:
  - "Ich habe bereits in schwierigen Situationen Erfolg gehabt; ich kann das herausfinden."

Die Berücksichtigung der obigen Schritte kann allmählich das negative Selbstgespräch reduzieren. Studien haben gezeigt, dass **die Änderung der Erzählung in unseren Köpfen jahrzehntealte mentale Gewohnheiten in positivere Richtungen lenkt.**

Das Nachdenken über Konzepte kann tiefgreifend sein, aber ihr praktisches Ausleben klärt ihren Wert. Zum Beispiel:

- **Wenn Sie sich von einer unvollendeten To-Do-Liste überwältigt fühlen:** Strukturieren Sie Ihre Gedanken um, um eine Aufgabe nach der anderen anzugehen, anstatt über die gesamte Liste zu grübeln.
- **Wenn Unsicherheiten in sozialen Situationen auftauchen:** Anstatt sich auf diese Gefühle zu konzentrieren, lenken Sie Ihren Fokus darauf, authentisch

mit denen um Sie herum zu interagieren, wobei Sie sinnvolle Verbindungen über selbstkritische Gedanken stellen.

Ein proaktiver Perspektivenwechsel, egal wie klein, untergräbt die stärksten Ängste.

Heben Sie diese Punkte hervor und wenden Sie sie iterativ an; so lernt Ihr Geist diese neuen Wege. Jede kleine Umformulierung bringt kumulative Vorteile.

Die Umwandlung von Theorie in Praxis erfordert keine großen Gesten; es geht um diese kleinen, täglichen Anpassungen, die umformen, wie wir mit der Welt interagieren und unsere Erzählungen darüber. Durch die regelmäßige Anwendung dieser Ansätze überbrücken Sie die Kluft zwischen dem, was Sie gelernt haben, und wie Sie jeden Tag leben, ohne auf mentale Hindernisse zu verweilen. Die Freiheit, die mit der Meisterschaft im Umschreiben und Umstrukturieren einhergeht, ist die Mühe wert.

Tägliche Gedankenumstrukturierungsübun gen

Regelmäßige **mentale Überprüfungen** sind ein mächtiges Werkzeug. Du kennst doch, wie du ständig deine Social-Media-Konten checkst? Versuche das mal mit deinen Gedanken. Stelle Erinnerungen auf deinem Handy ein (morgens, mittags, abends), um zu fragen: "Worüber denke ich gerade nach?" Manchmal laufen unsere Gedanken wie auf Autopilot, ohne dass wir es überhaupt bemerken. Das Erkennen von Mustern kann es einfacher machen, sie umzustrukturieren.

Also, welche Art von Fragen solltest du dir bei diesen Überprüfungen stellen? Hier ist eine praktische Liste von Reflektionsanregungen:

- Hilft mir dieser Gedanke, meine Ziele zu erreichen?
- Kann ich diese Situation aus einer anderen Perspektive betrachten?
- Wofür bin ich in diesem Moment dankbar?
- Konzentriere ich mich auf das Positive oder verweile ich im Negativen?

"Warum ist das überhaupt wichtig?" magst du dich fragen. Es ist einfach—unser Gehirn tendiert dazu, zu glauben, was auch immer wir ihm sagen. Wenn du dir ständig negative Geschichten einprägst, werden sie wahrscheinlich haften bleiben. Aber durch die Anpassung deiner Gedanken kannst du allmählich deine Denkweise verändern.

Eine weitere praktische Möglichkeit, deine Gedanken umzustrukturieren, besteht darin, konsequente Gewohnheiten zu etablieren. Es mag einfach klingen, aber es funktioniert. Versuche beispielsweise, deinen Tag damit zu beginnen, drei Dinge aufzulisten, für die du wirklich dankbar bist. Diese kleine Handlung kann deine Einstellung für den ganzen Tag neu ausrichten und es einfacher machen, Herausforderungen mit einem positiven Blickwinkel anzugehen.

Eine Möglichkeit, diese Gewohnheiten aufzubauen, besteht darin, sie in einfache, überschaubare Schritte umzuwandeln. Hier ist eine schrittweise Anleitung, die dir bei der Umstrukturierung deiner Gedanken helfen soll:

Schritt 1: Erkenne deine Gedanken an

Erkenne, wenn du in eine negative Schleife gerätst. Benenne die ängstlichen oder selbstabwertenden Erzählungen, die in deinem Kopf ablaufen. Anerkennen ist der Ausgangspunkt—"Okay, ich mache mich wegen dieser Sache selbst fertig..."

Schritt 2: Hinterfrage deine Gedanken

Frage dich, ob diese Gedanken produktiv sind oder lediglich zu deinem Stress beitragen. Wird deine Sorge über ein bevorstehendes Ereignis wirklich sein Ergebnis verändern? Wahrscheinlich nicht. Das ist es wert, darüber nachzudenken, oder?

Schritt 3: Strukturiere deine Gedanken um

Wechsle zu einer positiveren oder realistischeren Perspektive. Wenn du bemerkst, wie du denkst, "Ich mache immer Fehler," denke stattdessen, "Ich habe Fehler gemacht, aber ich habe auch aus ihnen gelernt und mich verbessert."

Schritt 4: Reflektiere über die neue Perspektive

Halte an dieser umstrukturierten Sichtweise mindestens eine Minute fest. Nimm sie auf. Lass sie zu deiner neuen Wahrheit werden. Reflektierende Gedanken sind wie "mentale Vitamine" zur Verstärkung positiver Veränderungen.

Kombiniere diese Techniken nach Bedarf. Manche Tage werden schwieriger sein als andere—wir sind alle menschlich. Die Idee ist, eine Sammlung von Strategien aufzubauen, auf die du Tag für Tag vertrauen kannst. Kontinuität ist entscheidend, auch an Tagen, an denen du nur mit kleinen Ärgernissen umgehen musst.

Manche Menschen lieben es, Systeme zu haben—morgendliche Affirmationen, Tagebücher, das volle Programm. Aber mach **dein Ding**. Selbst wenn diese Übungen nur gelegentlich in deine Routine finden, ist das trotzdem Fortschritt.

"Positive Gedanken mögen keine Wunder bewirken, können aber einen Wandel auslösen, der bedeutungsvolle Veränderungen im Leben hervorbringt"

Abgesehen von schicken Begriffen und besten Absichten geht es darum, nett zu dir selbst zu sein. Kleine, stetige Veränderungen in deinem Denken führen letztendlich zu dauerhaften Ergebnissen. Beginne mit ein paar einfachen Anpassungen und schau, wohin dich dein Weg führt... Die Dynamik nimmt zu, und nach und nach wirst du mehr Leichtigkeit darin finden, durch das Leben zu navigieren, ohne die Last des übermäßigen Nachdenkens auf dir zu tragen.

Ob du nun eine negative Denkweise anpasst, eine mentale Überprüfung durchführst oder neue Gewohnheiten entwickelst—du bist dabei, eine wertvolle Praxis zu betreiben, die sich in Weisen auszahlt, die du vielleicht nicht direkt bemerkst, sich jedoch sicherlich ansammeln.

Also versuche morgen—oder sogar heute—eine dieser Übungen. Das Leben fordert unsere Aufmerksamkeit in so vielen Bereichen; eine kleine Gedankenumstrukturierung kann einen langen Weg darin gehen, sicherzustellen, dass wir ausreichend Platz für positiveres, nützlicheres Denken schaffen.

Lass uns praktisch werden!

Denkst du, dass du über alles nachdenkst bis auf die Küchenspüle? Es ist Zeit, die Ärmel hochzukrempeln, etwas kaltes **Wasser** in dein schönes Gesicht zu spritzen und diese Gedankenmuster wie ein Champion anzugehen. Wir tauchen kopfüber in eine praktische Übung aus *Die Macht des Loslassens: 7 wirksame Techniken, wie man aufhört, über die Vergangenheit nachzudenken, emotionale Wunden heilt und (endlich) die Freiheit genießt, die man verdient, ohne zu grübeln.* Bereit, deine eigenen Gedankenwelt aufzumischen?

Schritt 1: Identifiziere das Aktivierungsevent

Also, so fängst du an: **Achte auf.** Beachte ein Ereignis, das dich dazu bringt, übermäßig nachzudenken oder zu grübeln. Das könnte alles sein – von deinem Chef, der deine Meeting-Einladung ablehnt, über die peinliche Pause während eines Gesprächs mit einem Freund, bis hin zu einem Streit mit einer wichtigen Person.

Zum Beispiel: "Mein Freund hat seit zwei Tagen nicht auf meine Nachricht geantwortet."

Schritt 2: Notiere deine unmittelbare Überzeugung

Direkt nachdem das Ereignis passiert ist, was ist die **Überzeugung**, die in deinem Kopf hochkommt? Diese erste Reaktion ist entscheidend.

Du könntest denken: "Sie ignoriert mich... vielleicht ist sie sauer auf mich."

Schritt 3: Untersuche die Konsequenz

Da Gedanken hinterhältige kleine Kobolde sind, führen sie zu Gefühlen und Verhaltensweisen. Wie fühlst du dich durch diese Überzeugung? Welche Handlungen inspiriert sie?

Angenommen, du könntest anfangen zu fühlen: "Ängstlich, besorgt, frustriert" und anfangen: "Überdenken, Doppel-Texten oder sogar das Vermeiden von anderen Freunden, weil du denkst, dass sie auch verärgert sind."

Schritt 4: Hinterfrage die Überzeugung

Zeit, das mentale Vergrößerungsglas herauszuholen. Sind diese Überzeugungen in Stein gemeißelte Wahrheiten oder könnten sie verzerrt sein? **Frage dich selbst**: Welche anderen möglichen Erklärungen gibt es? Welche Beweise habe ich für und gegen diese Überzeugung? Basieren meine Gedanken auf Fakten oder übernehmen die Gefühle die Kontrolle?

Betrachte zum Beispiel: "Vielleicht ist sie einfach beschäftigt... was könnte noch ihre verzögerte Antwort erklären? Sie sagte, dass sie kürzlich von der Arbeit überlastet war."

Schritt 5: Gestalte den Gedanken neu

Hier kommen Umgestaltung und Neustrukturierung ins Spiel (denke daran als die Macht des Bearbeitens in deinem mentalen Drehbuch). Verwandle diese düsteren, von Angst erfüllten Gedanken in etwas Ausgewogeneres und Positiveres.

Ändere von: "Sie ignoriert mich und ist sauer."

Zu: "Sie ist wahrscheinlich nur beschäftigt und wird sich bei mir melden, wenn sie kann."

Schritt 6: Engagiere dich in positiver Selbstgespräch

Weil fröhliche Ermutigungen nicht kitschig sind - sie sind kraftvoll. Das ist, mit dir selbst zu sprechen, wie du es tun würdest, um einen

Freund aufzumuntern. **Beruhige** deinen ängstlichen Geist emotional.

Worte könnten lauten: "Ich bin wichtig für meinen Freund, wir haben gerade eine stressige Phase."

Oder: "Es ist in Ordnung, keine sofortige Antwort zu bekommen; es definiert nicht unsere Freundschaft."

Schritt 7: Wende das ABC-Modell während eines täglichen Dysphorie-Checks an

Um die ABC-Methode zur Gewohnheit zu machen, integriere sie in ein regelmäßiges Gedanken-Check-Ritual. Am Ende eines jeden Tages, **schreibe auf**:

- Ein aktivierendes Ereignis
- Die Überzeugungen, die du darüber hattest
- Folgen in deinen Gefühlen und Handlungen

Wähle eins aus und gehe die Schritte der Herausforderung und Umgestaltung durch. Diese tägliche Übung stellt sicher, dass du kontinuierlich deine Gedankenmuster **neuverdrahtest**.

Zum Beispiel:

- "Freund hat nicht geantwortet."
- "Sie ist genervt."
- "Fühle mich ängstlich; vermied es, anderen Freunden zu schreiben."

Dann, **fordere ruhig heraus**: "Vielleicht interpretiere ich die Situation falsch," und komme zu "Sie ist beschäftigt, es ist in Ordnung, sie wird antworten, wenn sie kann."

Schritt 8: Feiere die Erfolge, auch kleine Schritte zählen!

Klopfe dir für jeden Schritt, bei dem du deine Gedanken herausforderst, umgestaltest und positiv mit ihnen sprichst, auf die Schulter.

Worte, mit denen du dich belohnen könntest: "Gut gemacht, Ich, weil ich mir etwas Spielraum gebe!" Oder: "Das hast du besser gehandhabt. Das ist echter Fortschritt!"

Durch diese Schritte, verwurzelt in der Magie von Kapitel 5 (kognitive Umstrukturierung, positives Selbstgespräch und das ABC-Modell), trainierst du dein Gehirn für gesündere, ruhigere Wege. Also, mach weiter, tritt ein, Stress abbauen - Gedanke für Gedanke - oder sollte ich sagen, umgestalteter Gedanke für umgestalteten Gedanken.

Kapitel 6: Grundlagen der emotionalen Regulation

"Jedes Mal, wenn wir uns verletzt fühlen, ist es nicht nur dazu da, uns Schmerz zuzufügen, sondern uns eine Lektion zu zeigen."

Willkommen! In diesem Kapitel werden wir darüber sprechen, wie du **deine Emotionen** besser managen kannst - eine wichtige Fähigkeit für ein ausgeglichenes Leben. Hast du schon einmal das Gefühl gehabt, auf einer emotionalen Achterbahn zu sein, ohne aussteigen zu können? Ja? Du bist nicht allein.

Ist es nicht frustrierend, wenn dich Stress überwältigt oder Wut unkontrollierbar hochkocht? Stress, Frustration und Wut können oft wie ein unerwünschter Sturm erscheinen. Aber die gute Nachricht ist - sie müssen uns nicht kontrollieren. Mit den richtigen Werkzeugen können wir uns durch diese stürmischen Herausforderungen steuern und inneren Frieden finden.

Wir werden mit einer Einführung in die Dialektisch-Behaviorale Therapie (DBT) beginnen und die sehr praktischen Fähigkeiten kennenlernen, die du in deinem täglichen Leben nutzen kannst. Dann werden wir uns mit den Prinzipien der Akzeptanz- und Commitment-Therapie (ACT) befassen, die dir helfen, in Verbindung mit dem gegenwärtigen Moment zu bleiben, egal welche Emotionen du fühlst. Als nächstes werden **Erdungstechniken** im Fokus stehen; diese sind großartig, um dir zu helfen, stabil zu bleiben, wenn die Emotionen zu intensiv werden.

Hast du schon einmal von Progressiver Muskelentspannung gehört? Es ist einfacher als es klingt und kann wirklich dabei helfen, emotionale Spannungen zu reduzieren. Und schließlich werden wir auf die Entwicklung emotionaler Widerstandsfähigkeit eingehen - warum es wichtig ist und wie du sie aufbauen kannst.

Bleib dran... am Ende wirst du einige solide Strategien haben, um deine Emotionen besser zu managen und mehr **Frieden** in deinem täglichen Leben zu finden. Bereit? Lass uns beginnen.

Dialektische Verhaltenstherapie (DBT) Fähigkeitstraining

Niemand mag es, sich hilflos zu fühlen, wenn starke Emotionen anklopfen. **Emotionsregulation** dreht sich darum, zu wissen, wie man diese intensiven Gefühlsausbrüche identifiziert und bewältigt. Stell es dir vor wie die Arbeit eines Verkehrsleiters für deine Emotionen. Anstatt nur impulsiv zu reagieren, kannst du die Fähigkeit entwickeln, innezuhalten und über deine Reaktion nachzudenken.

Nehmen wir zum Beispiel an, du wirst plötzlich von einer Welle der Traurigkeit überwältigt, weil eine alte Erinnerung unerwartet auftaucht. Anstatt kopfüber in diese Traurigkeit zu tauchen – und damit in eine Spirale aus negativen Gedanken zu geraten – könntest du zu dir selbst sagen: "Okay, ich fühle mich so wegen dieser Erinnerung, aber ich lasse nicht zu, dass sie meinen Tag ruiniert." Du entscheidest aktiv, dich an einer positiven Aktivität zu beteiligen, vielleicht mit einem Freund zu sprechen oder deine Lieblingssendung anzusehen, was Wunder wirken kann, um die Dinge ins Gleichgewicht zu bringen.

Lassen uns jetzt über Krisenbewältigung sprechen - schicke Worte, ich weiß. Aber es bedeutet einfach, diese schwierigen Momente zu bewältigen, ohne es für dich selbst schlimmer zu machen. Wir haben uns alle schon mal gefühlt, als ob alles in Flammen steht (und manchmal buchstäblich!). Eine Möglichkeit, damit umzugehen, ist die Nutzung der "STOP"-Fähigkeit: Schritt zurück, Tief durchatmen, Beobachten, was passiert, und Achtsam fortfahren.

Kennst du das Gefühl, wenn nichts zu klappen scheint? Angenommen, du hattest einen anstrengenden Tag und der Stress häuft sich nur noch an. Die Anwendung von Krisenbewältigungsfähigkeiten in solchen Momenten kann verhindern, dass du aus Verzweiflung ausrastest oder schlechte Entscheidungen triffst. Es ist wie der Aufbau einer mentalen Festung, damit du den Sturm überstehen kannst, ohne zu zerbrechen. Krisenpläne könnten einige sofortige Strategien beinhalten, wie z.B. kaltes Wasser ins Gesicht zu spritzen (es ist schockierend, aber effektiv), Eiswürfel zu halten, um dich in der Realität zu verankern, oder Atemübungen anzuwenden, um deinen Geist zu beruhigen.

Gesunde Beziehungen – sie sind wie Gold. Und hier kommt **zwischenmenschliche Effektivität** ins Spiel. Du möchtest gute Beziehungen aufrechterhalten, oder? Studios empfehlen, das Gleichgewicht zwischen dem Ausdruck von "Nein" und der Äußerung von Bedürfnissen und Wünschen zu wahren, ohne dabei über die Gefühle anderer hinwegzutrampeln. Diese Strategien werden in Fähigkeiten wie das Verwalten deiner Ziele, das Berücksichtigen der langfristigen Gesundheit der Beziehung und die Wahrung deines Selbstrespekts eingeteilt.

Stell dir vor (nein, warte, stell es dir nicht vor... denke einfach darüber nach), du bist in einem Gespräch mit einem Kollegen, der möchte, dass du zusätzliche Arbeit übernimmst. Du könntest einfach sagen: "Oh nein, auf keinen Fall." Aber ein gesünderer Ansatz wäre es, etwas zu sagen wie: "Ich würde gerne helfen, aber ich bin gerade mit X überlastet. Könnten wir das später planen?" Es zeigt, dass du rücksichtsvoll und konstruktiv bist, nicht destruktiv.

"Es ist wichtig, diese Fähigkeiten zu entwickeln, da ihr Erhalt deutlich Ihre zwischenmenschlichen Beziehungen und Ihr Selbstwertgefühl verbessern kann."

Wenn es darum geht, diese Fähigkeiten aufzubauen, erfordert es Übung – wie alles andere im Leben auch. Denke daran wie ein Krafttraining für dein Gehirn. Trainiere regelmäßig diese emotionalen und sozialen Muskeln, und im Laufe der Zeit werden sie natürlich stärker.

Zusammengefasst:

- **Emotionsregulation**: Identifiziere die Emotion, verankere dich, wähle eine konstruktive Aktivität oder Gedankenrichtung.
- **Krisenbewältigung**: Nutze einfache Techniken wie "STOP", um die Eskalation der Krise zu vermeiden - von banalen Tricks bis hin zu vollständigen Ablenkungstaktiken.
- **Zwischenmenschliche Effektivität**: Wahren Sie Ihr Gleichgewicht zwischen Ihren Bedürfnissen und der Gesundheit Ihrer Beziehungen, indem Sie klar, aber rücksichtsvoll sind.

Letztendlich können sich DBT-Fähigkeiten wie eine emotionale Werkzeugkiste anfühlen. Also, auch wenn das Leben kein Handbuch mit sich bringt, mit den richtigen Werkzeugen kannst du die Reparaturen, die dein emotionales Haus benötigt, etwas leichter bewältigen.

Akzeptanz- und Commitmenttherapie (ACT) Prinzipien

Ok, Leute, lasst uns direkt einsteigen. **ACT**—klingt schick, aber eigentlich geht es nur darum, mit all dem Chaos in deinem Kopf umzugehen. Und in diesem Abschnitt kommen wir zum Kern davon—wie es dir helfen kann, ein besseres, entspannteres Leben zu führen, indem du **Kognitive Defusion**, **Akzeptanz** und **Werterklärung** verwendest.

Also, **Kognitive Defusion**... klingt wie etwas aus einem Sci-Fi-Film, oder? Aber es ist nichts allzu kompliziertes. Im Grunde geht es darum, sich von unangenehmen Gedanken zu lösen. Oft verstricken wir uns in unseren eigenen Gedanken. Denk mal darüber nach—wie oft bist du wegen eines einzigen Gedankens in Negativität versunken? Der Schlüssel hier ist, sich von diesen Gedanken zu distanzieren, zu verstehen, dass es nur Worte und Geräusche in deinem Kopf sind, keine absoluten Wahrheiten. Stelle dir vor, dass du diese lästigen Gedanken auf Blätter legst und sie den Fluss hinuntertreiben lässt, oder stelle sie dir als wegtreibende Wolken vor. Du wirst sie nicht los, sondern schaffst nur etwas Raum... Atemraum.

Wenn es um **Akzeptanz** geht, wird es etwas... persönlicher. Wir alle haben Gefühle, und manchmal sind sie schrecklich—es gibt keinen anderen Weg, es auszudrücken. Aber der Versuch, sie wegzuschieben, neigt dazu, nach hinten loszugehen und sie stärker zu machen. Es ist entscheidend, **Gefühle ohne Wertung willkommen zu heißen**. Stelle dir vor, du würdest deine Emotionen halten, so wie du auf etwas Kostbares aufpassen würdest—nicht so fest drücken, dass sie zerbrechen, sondern einfach sanft, darauf bedacht, dass sie nicht entweichen und mehr Chaos verursachen. Versuche es das nächste Mal, wenn du dich überwältigt fühlst: bemerke die Emotion, gib ihr einen Namen und lasse sie sein. Es ist eine Übung, wie das Pflanzen von Samen, die langsam zu einem Garten heranwachsen, in dem du einfach damit einverstanden bist, einfach zu sein.

Als nächstes, **Werterklärung**. Hier geht es darum, tief zu graben, herauszufinden, was dir wirklich wichtig ist. Nicht deinen Eltern, deinen Freunden oder der Gesellschaft—nur dir. Was bringt dich morgens aus dem Bett? Nach welchen Rhythmen soll dein Herz tanzen? Denke daran wie einen Kompass; wenn du deine Werte kennst, hast du eine Richtung. Es vereinfacht Entscheidungen, weil du Handlungen mit dem, was wichtig ist, in Einklang bringst, anstatt nur auf das Leben zu reagieren.

Hier ist eine praktische Möglichkeit, alles zusammenzufassen:

- **Achte auf deine Gedanken**

  Wenn ein lästiger Gedanke auftaucht, bekämpfe ihn nicht. Pause. Beobachte ihn. Schreit er dich an? Ist er gemein? Notiere ihn, ohne dich darauf einzulassen.

- **Distanziere dich**

  Stelle dir vor, dieser Gedanke auf einem Bildschirm vor dir oder schreibe ihn auf. Selbst ein kleines bisschen Abstand kann dir helfen, ihn als das zu erkennen, was er ist—nur ein Gedanke.

- **Benenne deine Gefühle**

  Hast du überwältigende Emotionen? Gut—nun ja, nicht gut, aber machbar. Sage es laut. "Hey Angst, du bist wieder da." Es ist wie das Treffen mit einem alten Bekannten (kein Freund, nur jemand, den du erkennst).

- **Verweile mit dem Unbehagen**

  Versuche nicht, diese Emotionen zu vertreiben. Setze dich mit ihnen hin, so wie du mit dir selbst in einem stillen Raum sitzen würdest. Atme ein, atme aus, lasse sie sein.

- **Kläre deine Werte**

  Stelle dir einige tiefe Fragen—was ist jetzt wirklich wichtig? Gesundheit? Beziehungen? Kreativität? Es geht nicht um Ziele, die erreicht werden können, sondern um langanhaltende Prinzipien, die deine täglichen Entscheidungen lenken.

Mit der Zeit formen diese kleinen Schritte Gewohnheiten, die nahtlos in dein Leben passen. Es geht darum, das Leben fließen zu lassen, ohne zu fest daran zu klammern.

"Schmerz ist unvermeidlich, aber Leiden ist optional."

Indem wir Raum zwischen unseren Gedanken und uns selbst halten, erleben wir eine Gelassenheit, die es uns ermöglicht, die Höhen und Tiefen des Lebens anzunehmen.

Fasse alles zusammen, und du hast ein Werkzeugkasten. Mit diesem umfassenden Ansatz wird jedes Prinzip zu einem Teil eines größeren Ganzen. Mach es zu einem Teil deiner täglichen Praxis. Die Schönheit liegt in den kleinen Veränderungen... winzigen Verschiebungen, die zu bedeutenden Transformationen führen.

Bodenungstechniken für Stabilität

Lassen Sie uns Bodenungstechniken erkunden, die Ihnen helfen können, in Ihrer Gegenwart fest verwurzelt zu bleiben. Bodenung geht darum, verbunden und präsent zu bleiben... besonders in Momenten, in denen Ihr Geist versucht, außer Kontrolle zu geraten.

Sinnliche Bodenung ist wie das Drücken der Pause-Taste und das Herauskommen aus Ihrem Kopf, indem Sie Ihre fünf Sinne einsetzen. Wenn Sie sich ängstlich fühlen, finden Sie etwas, das Sie berühren, sehen, hören, riechen oder schmecken können, um Sie zurück in die Gegenwart zu bringen. Beschreiben Sie zunächst genau, was Sie sehen, als würden Sie mit Ihren Worten ein Bild malen. "Der rote Stoff des Sofas, ein winziger Riss an der Naht..." Berühren Sie etwas mit unterschiedlichen Texturen und konzentrieren Sie sich darauf - die Oberfläche Ihres groben Pullovers. Sie können auch den Geräuschen um Sie herum zuhören, ob es Vögel sind, die zwitschern, oder der Verkehrslärm. Unterschätzen Sie auch nicht die Kraft des Geruchssinns; das Finden eines Lieblingsduftes oder das Schlürfen eines Pfefferminztees kann Sie erden.

Körperliche Bodenung beinhaltet, sich auf Ihre Körperempfindungen zu konzentrieren, um Ihre Füße fest im Hier und Jetzt zu verankern. Das mag kompliziert klingen, ist aber so einfach wie das Spüren des Gewichts Ihres Körpers, der gegen Ihren Stuhl gedrückt ist oder des Bodens unter Ihren Füßen. Achten Sie darauf, wie Sie sitzen. Sind Ihre Schultern entspannt oder verspannt? Ist Ihr Atem flach oder tief? Sie könnten sogar mit Ihren Zehen wackeln oder Ihre Fäuste ballen und wieder lösen, um Ihre Aufmerksamkeit auf Ihr körperliches Erleben zu lenken. Wenn Sie Sport treiben, kommt diese Technik natürlich ins Spiel - ob beim Laufen, Gewichte heben oder Yoga machen - konzentrieren Sie sich darauf, wie sich Ihr Körper anfühlt.

Kognitive Bodenung dreht sich darum, Ihre Gedanken dazu zu bringen, im gegenwärtigen Moment zu bleiben. Manchmal neigen unsere Gedanken dazu, abzuschweifen... oft an nicht so gesunde Orte. Kognitive Bodenung hilft dabei, Ihre Gedanken nach Hause zu holen. Ein lustiger Trick ist, ein Bodenungsobjekt mit sich herumzutragen; etwas Kleines, das Sie in Ihrer Tasche behalten können, wie ein glatter Stein oder eine Sorgenperle, und immer dann, wenn Sie abschweifen oder in Gedanken voraus sind, daran festzuhalten. **Nate Zeller schreibt,**

"Manchmal geht es nicht darum, wie viel Sie zu sagen haben, sondern darum, dass diese stille Stärke für Sie spricht, wenn Sie dabei sind, die Kontrolle zu verlieren."

Hier ist ein weiterer nützlicher Tipp - zählen Sie rückwärts von 100 in Siebener-Schritten. Glauben Sie mir, es ist nicht so einfach, wie es klingt, und es zwingt Ihr Gehirn, sich zu konzentrieren. Oder vielleicht können Sie jeden Bundesstaat des Landes benennen, jede Form, die Sie in Ihrem Zimmer sehen, oder jedes Lied, das Sie an diesem Tag gehört haben... Indem Sie Ihre Aufmerksamkeit auf das lenken, was um Sie herum ist, anstatt in zukünftige Sorgen oder vergangene Bedauern abzudriften, schenken Sie sich selbst einen Moment zum Durchatmen.

Indem Sie diese Techniken anwenden, geben Sie sich selbst eine Möglichkeit, sich neu zu zentrieren und im Hier und Jetzt zu erden. Sinnliche Bodenung hält Sie an dem fest, was Sie direkt erleben können, körperliche Bodenung erinnert Sie an Ihre körperliche Präsenz und kognitive Bodenung hilft dabei, Ihren Geist daran zu hindern, wie ein wildes Pendel hin und her zu schwingen. Gibt es unter diesen eine einzige Spielveränderung? Wahrscheinlich nicht. Vielmehr liegt es in der konsequenten, täglichen Praxis dieser Techniken, die Ihre emotionale Regulation stärkt.

Bleiben Sie verbunden mit Ihrem gegenwärtigen Selbst - sei es der sanfte Hauch des Windes auf Ihrem Gesicht, das Gefühl des Bodens unter Ihren Füßen oder einfach die Schwere Ihrer Präsenz in diesem Raum, genau jetzt, genau hier.

Progressive Muskelentspannung (PMR)

Die **Progressive Muskelentspannung**, oder **PMR** kurz gesagt, geht darum, systematisch die Muskeln anzuspannen und zu entspannen - und es ist ein großartiger Weg, um deinen Geist zu beruhigen. Ein sequenzieller Ansatz beginnt mit den Händen, bewegt sich nach oben und geht dann zum unteren Körper. Stell es dir so vor - du arbeitest daran, dass jeder Teil deines Körpers von fest auf völlig locker umschaltet. Ganz einfach, oder?

Du wirst damit beginnen, eine Muskelgruppe auszuwählen - sagen wir, deine Fäuste. Ball deine Hand zu einer festen Faust für etwa fünf Sekunden. Spüre wirklich die Spannung in diesen Muskeln. Dann, beim Ausatmen, lass es los. Öffne und löse deine Finger sanft. Du wirst eine Welle der Entspannung in die Hand fließen spüren.

Du setzt diesen Prozess mit anderen Muskelgruppen fort:

- Spanne deine Bizeps an, dann lass sie entspannen.

- Drücke deine Schulterblätter zusammen, dann lasse los.
- Spanne die Muskeln in deinem Nacken an, indem du deine Schultern hebst, und lass sie dann fallen.

Indem du diese Muskeln nacheinander anspannst, bevor du sie entspannst, löst du gespeicherte Spannungen, ähnlich wie das Auswringen eines mit Stress gefüllten Schwamms.

Auch das Atmen spielt hier eine große Rolle. Atme tief ein, während du die Muskeln anspannst. Wenn du ausatmest, signalisiere den Muskeln, dass sie sich jetzt entspannen können. Atmung und Muskeln, die zusammenarbeiten, erzeugen eine Art Rhythmus, wie ein gut einstudierter Tanz - anspannen, loslassen, einatmen, ausatmen.

Lass mich dir sagen, regelmäßiges Üben ist der Punkt, an dem du wirklich Veränderungen bemerkst. Es ist wie das Gießen einer Pflanze; du kannst nicht einfach nach dem ersten Mal vergessen! Das Etablieren einer PMR-Gewohnheit bedeutet, dass du auch dann eine Strategie hast, wenn das Leben dir Kurvenbälle zuwirft.

„Atme tief ein, denn auf diesen Atem wirst du zurückkommen" - diese Zeile ist nicht nur motivierender Quatsch. Jeder Atemzug hilft dir, dich im gegenwärtigen Moment zu verankern und lässt weniger Raum für übermäßiges Nachdenken über Dinge, die du nicht ändern kannst.

Stell dir vor - du sitzt an deinem Schreibtisch und hast einen Berg Arbeit vor dir liegen. Die Spannung beginnt im Rücken und den Schultern, bevor sie in deinen Nacken kriecht. Das ist eine Menge Muskelkraft, die in 'gestresst sein' fließt. Was ist, wenn du dich zurücklehnst und bewusst diese Muskeln anspannst und dann entspannst, koordiniert mit deiner Atmung? Du wirst wahrscheinlich feststellen, dass du wieder bereit bist, vielleicht sogar etwas erfrischt.

Beginne mit einer kurzen täglichen Sitzung. Zwei, manchmal drei Minuten vor dem Schlafengehen oder wenn du diese Mittagspause machst, können transformierend sein. Langsam, wenn du dich mit dem Rhythmus vertrauter fühlst, erweitere auf verschiedene Muskelgruppen und integriere es in längere Entspannungssitzungen. Es funktioniert wirklich Wunder, fast wie einen Weg von Überforderung zurück zur Ruhe zu ebnen. Also spar nicht an diesen Atemzügen zwischen Anspannen und Entspannen - sie leisten viel hinter den Kulissen.

Und hör zu, überspringe keine Sitzungen mit dem Gedanken, „Oh, mir geht es heute gut." Regelmäßiges Üben hält diesen Vorrat an Ruhe bereit für die Momente, in denen die Dinge *wirklich* ziemlich verrückt werden.

Denk an PMR als deinen Mini-'Reset'-Knopf, der über deinen Tag verteilt ist. Perfekt für die Momente, in denen der Stress versucht, sich heimlich zurückzuschleichen. Muskeln sind wie Schwämme; sie saugen Stress auf, egal was passiert. Drücke diese Spannung Stück für Stück aus, atme durch und mit regelmäßigem Üben wirst du feststellen, dass dies zur zweiten Natur wird. Du wirst schneller in die Entspannung hineingleiten - und hey, wer braucht nicht ein wenig mehr Zen in seinem Leben?

Entwicklung emotionaler Widerstandsfähigkeit

Der Aufbau **emotionaler Widerstandsfähigkeit** geht nicht nur darum, sich wieder zu erholen; es geht darum, zu lernen, sich anzupassen und durch die Herausforderungen des Lebens stärker zu bleiben. So können Sie beginnen:

Adaptives Bewältigen geht darum, positive Wege zu finden, mit Stress umzugehen, anstatt zuzulassen, dass er Sie kontrolliert. Wenn die Arbeit beispielsweise überwältigend wird, versuchen Sie kurze Pausen für einen schnellen Spaziergang einzulegen oder sogar

Achtsamkeit zu praktizieren. Sie werden erstaunt sein, was ein paar Momente der Konzentration auf Ihren Atem bewirken können, um Ihren Geist zurückzusetzen. Eine andere Möglichkeit könnte sein, sich mit Hobbys oder Aktivitäten zu beschäftigen, die Sie lieben - Lesen, Kochen, ein Instrument spielen. Stressige Situationen sind vielleicht unvermeidlich, aber Ihre Reaktionen können darauf ausgerichtet sein, Ihrem Wohlbefinden zu nutzen.

Über zu **Selbstmitgefühl**. Haben Sie sich schon einmal über einen Fehler geärgert? Sie sind nicht allein. Aber der Trick ist, sich selbst so zu behandeln, wie Sie einen lieben Freund behandeln würden, der mit denselben Problemen konfrontiert ist. Es klingt einfach - weil es das ist. Vielleicht haben Sie eine Präsentation bei der Arbeit vermasselt; anstatt darüber zu grübeln, erkennen Sie es an, lernen Sie daraus und sagen Sie sich, dass es manchmal in Ordnung ist, Fehler zu machen. Es passiert uns allen. **Seien Sie nachsichtig**, und erinnern Sie sich an Ihre Stärken und vergangenen Erfolge.

Als nächstes sich selbst darauf zu trainieren, mehr **optimistisch** zu sein, ist wie Sonnenschein selbst an bewölkten Tagen zu finden. Es bedeutet nicht, so zu tun, als ob alles perfekt wäre, sondern sich darauf zu konzentrieren, was gut läuft. Das Führen eines Dankbarkeitsjournals ist ein effektiver, aber einfacher Weg. Schreiben Sie einfach jeden Tag ein paar Dinge auf, für die Sie dankbar sind - groß oder klein. Vielleicht hatten Sie einen gemütlichen Abend mit einem geliebten Menschen oder ein nettes Gespräch mit einem Freund. Es gibt positive Momente, Sie müssen sie nur aktiver wahrnehmen.

Denken Sie darüber nach: "Das Leben ist zu 10% das, was Ihnen passiert, und zu 90% wie Sie darauf reagieren." Denken Sie darüber nach... vieles hängt von Ihrer **Einstellung** ab. Wenn die Dinge nicht wie geplant laufen, suchen Sie nach der Lehre anstatt sich auf das Versagen zu fixieren. Wenn Sie den Job nicht bekommen haben, überlegen Sie *warum* und nutzen Sie es, um sich besser auf die nächste Gelegenheit vorzubereiten.

Praktisch gesehen, hier ist, was Sie tun können:

- Wenn Sie mit einem unangenehmen Gefühl konfrontiert sind, machen Sie eine Pause. Reagieren Sie nicht impulsiv. Zählen Sie vielleicht bis 10 oder machen Sie ein paar tiefe Atemzüge.
- Suchen Sie Kontakt zu anderen. Sprechen Sie mit Freunden oder Familie, die Sie verstehen. Das Teilen kann die emotionale Last erleichtern.
- Teilen Sie größere Probleme in kleinere Aufgaben auf. Fühlen Sie sich mit allem überfordert? Priorisieren Sie und gehen Sie Stück für Stück vor.

Und wenn das Leben schwierig wird, kann es auch entscheidend sein, sich auf diese Schritte zu konzentrieren:

Schritt 1: Üben von Selbstmitgefühl

Seien Sie sanft zu sich selbst. Hat ein Gedanke Bedeutung? Gut, wenden Sie die Lehre an, aber lassen Sie die Selbstbestrafung weg. Denken Sie in Bezug auf Verbesserung, nicht Kritik.

Schritt 2: Engagieren Sie sich in positiven Gewohnheiten

Tun Sie Dinge, die Ihnen Freude oder Entspannung bringen. Vielleicht ist es Gartenarbeit, vielleicht ist es Radfahren. Etwas, das Ihnen hilft, sich zu entspannen und aufzuladen. Sie werden überrascht sein, wie groß der Unterschied sein kann.

Schritt 3: Verschieben Sie die Perspektive zur Positivität

Trainieren Sie Ihren Geist, das Positive zu sehen. Den Bus verpasst? Es ist frustrierend, sicher, aber Sie können durch diesen interessanten Artikel scrollen oder vierzig Minuten *für sich* genießen. Beginnen Sie klein, reflektieren Sie jeden Abend über eine gute Sache an Ihrem Tag.

Den Aufbau von **Widerstandsfähigkeit** kann man mit einem Muskel vergleichen; je mehr Sie üben, desto stärker werden Sie. Das Leben wirft Herausforderungen, aber durch die Anwendung dieser Praktiken können Sie besser damit umgehen und es weniger überwältigend machen. Dies erfordert Übung und Engagement, aber denken Sie daran, auch kleine, konsequente Schritte führen zu bedeutendem Fortschritt.

Lass uns praktisch werden!

Gut, lassen Sie uns die Ärmel hochkrempeln und uns mit einigen nützlichen Übungen aus Kapitel 6 beschäftigen! Es geht hier um die **Grundlagen der emotionalen Regulation**, wir mischen ein paar **DBT**, **ACT**, Erdungstechniken, **PMR** und emotionale Widerstandsfähigkeit. Es geht nicht nur ums Lesen - es geht darum, diese Konzepte in Ihrem täglichen Leben lebendig werden zu lassen.

Also, worum geht es hier? Wir werden das schrittweise angehen. Stellen Sie sich vor, Sie rüsten sich mit einem Werkzeugkasten aus, um mit diesen emotionalen Gezeiten umzugehen.

Schritt 1: Erdungstechniken für Stabilität

Wenn die Emotionen wild werden, können Erdungstechniken Ihr Anker sein. Unser erster Halt ist, im gegenwärtigen Moment zu bleiben.

Was zu tun ist:

Beginnen Sie mit der **5-4-3-2-1**-Erdungsübung. Bereit?

- **Finde fünf Dinge, die du sehen kannst:** Schau dich um und nenne sie leise für dich selbst - Lampe, Buch, Baum, Uhr, Stift.
  - Beispiel: „Da ist der blaue Bilderrahmen auf dem Schreibtisch."
- **Finde vier Dinge, die du berühren kannst:** Konzentriere dich auf die Textur.
  - Beispiel: „Mein Kissen fühlt sich weich und kuschelig an."

- **Identifiziere drei Dinge, die du hören kannst:** Schärfe dein Gehör.
  - ○ Beispiel: „Ich höre die Musik meines Nachbarn durch die Wand."
- **Beachte zwei Dinge, die du riechen kannst:** Hoffentlich etwas Angenehmes!
  - ○ Beispiel: „Ich rieche den frischen Kaffee, der gebrüht wird."
- **Erkenne eine Sache, die du schmecken kannst:** Überprüfe dein Geschmacksempfinden.
  - ○ Beispiel: „Ich schmecke immer noch die Minze von meinem Morgen-Tee."

Schritt 2: DBT - Achtsamkeit

Jetzt, da du geerdet bist, lass uns etwas DBT-Style-Achtsamkeit einbringen. Dies ist wie die Kunst des nicht wertenden, gegenwärtigen Moment-Scholarships.

Was zu tun ist:

Wende die Technik des **"Beobachten und Beschreiben"** an. Widme ein paar Minuten dafür.

- **Beobachte:** Nimm einfach deine Gedanken, Gefühle und Empfindungen wahr. Lass sie sein.
  - ○ Beispiel: „Ich bemerke, dass mein Herz schneller schlägt."
- **Beschreibe:** Fasse deine Beobachtungen ohne Wertung in Worte.
  - ○ Beispiel: „Mein Herz schlägt schnell. Ich fühle mich ein wenig ängstlich."

Schritt 3: ACT - Akzeptanz

Handle nicht nur im Beobachten, sondern im Akzeptieren. Es geht darum, deine Gedanken leicht zu halten.

Was zu tun ist:

Spiele die Visualisierung **"Blätter auf einem Strom"**.

- **Setze dich ruhig hin und stelle dir einen Strom vor:** Stelle dir vor, wie deine Gedanken wie Blätter vorbeifließen. Du hältst nicht an ihnen fest; du lässt sie vorbeiziehen.
  - Beispiel: „Da geht ein grünes Blatt mit meinem Stress über die Arbeit."
- **Übe das Loslassen:** Wenn jeder Gedanke oder jede Sorge vorbeizieht, erkenne sie sanft an und lass sie auf ihrem Blatt davon treiben.
  - Beispiel: „Ah, hier ist dieser quälende Gedanke über mein Meeting. Auf Wiedersehen, Blatt."

Schritt 4: Progressive Muskelentspannung (PMR)

Es ist Zeit, zum Körperlichen überzugehen und mit PMR Spannungen abzubauen.

Was zu tun ist:

Gehe einen Zyklus von Spannung und Entspannung durch.

- **Spannen und Lösen:** Arbeite von Kopf bis Fuß, spanne kurz jede Muskelgruppe an und entspanne dann.
  - Beispiel: „Ballen Sie Ihre Fäuste für 5 Sekunden fest zusammen, dann entspannen Sie und bemerken die Entspannung."
- **Nimm dir Zeit:** Langsam und stetig hier, achte auf den Kontrast zwischen Spannung und Entspannung.

Schritt 5: Aufbau der emotionalen Widerstandsfähigkeit

Lassen Sie uns all dies zusammenfügen und diese widerstandsfähige Denkweise aufbauen.

Was zu tun ist:

Praktiziere Dankbarkeit und Affirmationen.

- **Dankbarkeitsjournal:** Schreibe drei Dinge auf, für die du dankbar bist. Konzentriere dich auf die kleinen Erfolge.
  - Beispiel: „Ich bin dankbar für mein gemütliches Bett, den Anruf eines Freundes heute und das leckere hausgemachte Abendessen."
- **Tägliche Affirmationen:** Äußere positive Aussagen über dich selbst und deinen Tag.
  - Beispiel: „Ich bin fähig, mit allem umzugehen, was auf mich zukommt."

Siehst du, wie sich all diese Fäden verbinden? Du kombinierst Erdung, Beobachtung (aus DBT), Akzeptanz (aus ACT), Muskelentspannung und förderst schließlich Widerstandsfähigkeit durch positive Praktiken.

Übe diese Schritte regelmäßig, und du wirst feststellen, dass es zur Gewohnheit wird und dir eine sanfte, aber stabile Struktur bietet, um mit diesen emotionalen Aufs und Abs umzugehen. Und hey, Übung macht... besser! Hier ist kein Perfektionismus erforderlich - einfach ein bisschen besser als gestern.

Nimm es langsam, sei nett zu dir selbst und, wie immer, mach weiter.

Teil 3: Das Loslassen üben

Kapitel 7: Effektive Techniken für sofortige Erleichterung

"Manchmal ist der kleinste Schritt in die richtige Richtung der größte Schritt deines Lebens."

Hast du jemals das Gefühl gehabt, dass dein Verstand sich dreht und es keinen Ausweg gibt? **Kapitel 7** handelt von diesen sofortigen, kraftvollen Schritten, die dir helfen können, die Kontrolle zurückzugewinnen. Stell dir vor, du lernst Techniken, mit denen du deine Gedanken sofort stoppen oder deine Ängste mutig angehen kannst. Klingt hilfreich, oder?

Lass uns mit einer schockierenden Aussage beginnen: Wusstest du, dass einfache Methoden deine Stimmung und deinen Verstand sofort verändern können? Kein Scherz – ob es darum geht, diese lästigen Gedanken zu stoppen oder dich in einem Moment der Panik zu erden, jede Technik in diesem Kapitel hat es in sich.

Von **Gedankenstopp** bis zur **Expositions-Therapie** werden wir handlungsfähige Strategien durchgehen. Stell dir vor, du nutzt die Verhaltensaktivierung, um in Zeiten der Depression in Bewegung zu kommen, oder die Technik des Emotionalen Freiheits-Tappings, um Angst zu lindern. Schnelle Erdungsübungen sind ebenfalls hier, um dir zu helfen, verankert zu bleiben.

Fühlst du dich von Sorgen oder Ängsten überwältigt? Finde einige **Gemütliche und Effektive Lösungen** in diesem Kapitel. Bis du mit dem Lesen dieses Kapitels fertig bist, wirst du über ein Arsenal an Methoden verfügen, um deinen Verstand und Körper zu beruhigen. Bereit, deinen Tag mit praktischen Schritten und emotionalen Erfolgen zu transformieren? Weiterlesen!

Methoden zur Gedankenstopptechnik

Negative Gedankenmuster können lästig sein, oder? Sie schleichen sich ein und bleiben bestehen, trüben unseren Geist mit nutzlosen Sorgen. Also lasst uns darüber sprechen, wie man sie identifiziert und unterbricht - sie sind nicht unbesiegbar. Wenn du dich dabei erwischst, wie du überdenkst, ist das Erkennen dieser Muster der erste Schritt. Du könntest diese kritische Stimme hören, die sagt: "Warum habe ich das getan?" oder "Ich mache immer alles kaputt." Ja, das ist vertraut... und nicht hilfreich.

Also, was kommt als nächstes? Unterbreche dieses Muster mit einem Stopp-Signal. Dies könnte ein mentales Bild, ein Wort oder sogar eine physische Handlung sein. **Schritt 1: Erkenne den Überdenkungszyklus** - der Moment, in dem dein Geist in die gleichen alten Sorgen abdriftet. Das ist dein Zeichen, mit einem Stopp-Signal einzuspringen. Ob es ein energisches "Stopp!" in deinem Kopf ist oder eine imaginäre rote Ampel, das Ziel ist, die negative Schleife zu stoppen.

Sobald du die Bremse betätigt hast, ist es Zeit für **Schritt 2: Fülle die Lücke**. Negative Gedanken sind nicht leicht zu löschen; sie hinterlassen eine Lücke, die gefüllt werden muss. Hier kommen positive Affirmationen ins Spiel. Diese sind einfache, aufbauende Aussagen über einen Aspekt von dir selbst oder deiner Situation. Zum Beispiel, wenn dein negativer Gedanke ist: "Ich versage immer," ersetze ihn durch "Ich lerne aus jeder Erfahrung."

Lass uns das genauer betrachten:

- **Gewohnheit durchbrechen:** Wenn du bemerkst, dass sich eine Schleife bildet, unterbreche sie. Setze einen mentalen "Stopp"-Aufkleber auf diesen Gedanken. Das Tragen eines Gummibands am Handgelenk und leichtes Schnappen lassen kann einen physischen Schock liefern - gerade genug, um deine Aufmerksamkeit abzulenken.

- **Positive Inputs:** Sobald der Zyklus unterbrochen ist, bring etwas Positives ein. Wiederhole eine Affirmation. Überlege: "Diese Herausforderung definiert mich nicht," oder "Ich habe schon einmal Erfolg gehabt und kann es wieder schaffen."

Zugegeben, Affirmationen mögen auf den ersten Blick kitschig erscheinen... aber denk darüber nach: Wir glauben an unsere eigene Kritik, warum also nicht an unsere eigene Positivität? Du kannst dich **ständig** an diese Affirmationen erinnern. Platziere sie auf Post-its in deinem Haus oder stelle Erinnerungen auf deinem Telefon ein. Sie sind kein Zauberstab... aber nützlich, ohne Zweifel.

Hier ist etwas, was hilft: Du veränderst buchstäblich dein Gehirn, wenn du negative Gedanken unterbrichst und sie durch positive ersetzt. "Wir sind, was wir immer wieder denken." Einfache Wahrheit - die nicht immer einfach ist, aber absolut machbar.

Lass mich einen **einfachen Prozess** teilen.

Schritt 1: Identifiziere negative Gedankenmuster

- Fang dich bei Selbstabwertung.
- Bemerke, wenn du in deinem Kopf alte Szenarien erneut durchgehst.
- Werde dir stressauslösende Gedanken bewusst.

Schritt 2: Verwende ein Stopp-Signal

- Schreie mental "STOP!"
- Visualisiere ein aufplatzenes rotes Stoppschild.
- Schnapp mit einem Gummiband auf dein Handgelenk.

Schritt 3: Ersetze durch Affirmationen

- "Ich bin fähig."
- "Jeder Schritt nach vorne zählt."
- "Dies ist eine Lernerfahrung."

Stell dir vor, dein Gehirn ist wie dein Lieblingsgerät. Wenn ein negativer Gedanke (Virus) auftritt, ist unser Ziel: auf "Neustart" drücken und die Updates (positive Affirmationen) die beschädigten Dateien ersetzen lassen.

In der täglichen Praxis halte diese Erinnerungen bereit, tu dein Bestes, um negative Spiralen zu erkennen und sofort zu ersetzen. Du musst nicht perfekt sein - Veränderung braucht Zeit. Konzentriere dich auf Fortschritt und kleine Siege.

Um es hervorzuheben, betrachte, wie diese Elemente interagieren:

"Interne Gespräche formen die Identität... hemme negative Schleifen, um ein erneuertes Selbst zu enthüllen."

Fühle dich frei, Klebezettel mit Affirmationen an deinen Lieblingsorten zu hinterlassen. Erinnere dich daran: du verdienst Freundlichkeit zu dir selbst. Denke praktisch, kurze Momente zählen.

Gehe weiter voran - Methode, Erinnerung bereit. Verlasse dich auf diese Stopp-Signale und positiven Aussagen. Und belohne dich ab und zu selbst.

Bereit, diese lästigen negativen Spuren zu stoppen? Probiere diese Schritte aus, einfach, effizient, immer Fortschritt vor Perfektion.

Expositionstherapie zur Reduzierung von Angst.

Wenn es darum geht, unseren Ängsten ins Auge zu sehen, kann **graduelle Exposition** einen großen Unterschied machen. Es geht darum, sich langsam an die Dinge heranzutasten, die einen ängstigen, auf eine Art und Weise, die bewältigbar ist. Stellen Sie es sich vor wie das Eintauchen Ihrer Zehen ins **Wasser**, bevor Sie eintauchen - es ist nicht nötig, sofort komplett einzutauchen.

Beginnen Sie mit der Erstellung einer **Hierarchie von angstauslösenden Szenarien**. Diese können von leicht belastend bis hinunter zu absolut furchterregend reichen. Schreiben Sie diese Situationen auf eine Liste und ordnen Sie sie von am wenigsten bis am meisten beängstigend. Zum Beispiel, wenn Sie Angst vor öffentlichem Sprechen haben:

- Sprechen vor einem Familienmitglied
- Sich in einer kleinen Gruppe von Freunden äußern
- Eine Präsentation vor einem kleinen Team bei der Arbeit halten
- Sprechen bei einem größeren Team-Meeting
- Eine Rede vor einem größeren Publikum halten

Schritt 1: Erstellen Sie die Liste

Nehmen Sie ein Notizbuch und notieren Sie verschiedene Szenarien, die Sie ängstigen. Machen Sie sich keine Gedanken darüber - lassen Sie die Szenarien einfach fließen.

Schritt 2: Ordnen Sie Ihre Liste

Sobald Sie Ihre Liste haben, ordnen Sie sie von am wenigsten beängstigend bis am meisten. Dies ist Ihre Roadmap, also nehmen Sie sich Zeit dafür.

Schritt 3: Beginnen Sie klein

Wählen Sie ein Szenario aus dem unteren Teil Ihrer Liste aus. Zum Beispiel, wenn der Gedanke an öffentliches Sprechen Sie erschreckt, beginnen Sie vielleicht mit dem Sprechen in einer kleinen Gruppe. Versuchen Sie, eine kurze Rede vor Ihrer Familie beim Abendessen zu halten. Sicher, es wird am Anfang vielleicht unangenehm sein, aber das Ziel ist, langsam anzufangen, ohne sofort ins kalte Wasser zu springen.

Durch das Wiederholen dieser **kleinen Schritte** wird Ihre Toleranz aufgebaut. **Wiederholte Exposition** trainiert Ihren Geist, zu erkennen, dass die Situation vielleicht nicht so schlimm ist, wie es scheint. Das ist der Schlüssel. Mit der Zeit werden Ihre Ängste nicht mehr so groß erscheinen. Wenn das Sprechen beim Familienessen einfacher wird, gehen Sie zum nächsten Schritt über: vielleicht eine Gruppe bei der Arbeit.

"Sich ängstlich zu fühlen ist in Ordnung, aber es zuzulassen, dass diese Angst uns kontrolliert, ist es nicht."

Hier ist ein einfacher Trick - jedes Mal, wenn Sie einen Schritt abschließen, gratulieren Sie sich selbst. Erfolg in kleinen Schritten zählt (glauben Sie mir), und es sind diese kleinen Siege, die die größeren Aufgaben weniger einschüchternd erscheinen lassen.

Es kann einige Zeit dauern, Ihre Liste durchzugehen, und das ist in Ordnung. Es ist kein Wettrennen. Das Ziel ist es, Ihre Toleranz zu **erhöhen** und die Angst Stück für Stück zu reduzieren. Sie werden feststellen, dass das Konfrontieren Ihrer Ängste ein Marathon ist, kein Sprint.

Aber behalten Sie im Hinterkopf - denn dies ist keine Art von "Häkchen-auf-der-Liste" Sache. Es wird Rückschläge geben, aber konsequent zu bleiben wird sich auszahlen. Die Angst muss nicht Ihr Leben bestimmen, aber Sie - Sie kontrollieren, wie Sie damit umgehen.

Schritt für Schritt, Tag für Tag - die kleinen Teile werden sich schließlich zu einer großen Veränderung summieren. Hier ist die Konfrontation Ihrer Ängste mit einem kleinen Sieg nach dem anderen ... und sich dadurch viel leichter fühlen. Zögern Sie nicht, sich etwas Spielraum zu geben, es geht mehr um den **Prozess** als um das Ziel (haben Sie bemerkt, was ich da gemacht habe?).

Also, machen Sie weiter und versuchen Sie es. Ihr zukünftiges Ich könnte Ihnen dafür danken.

Verhaltensaktivierungsstrategien

Wenn Sie versuchen, sofortige Linderung von übermäßigem Nachdenken und emotionalen Wunden zu finden, **können die Planung von unterhaltsamen Aktivitäten** Wunder bewirken. Unterschätzen Sie nicht die stimmungsaufhellende Kraft der einfachen Planung von Spaßaktivitäten. Haben Sie schon einmal bemerkt, wie ein Tanzkurs, ein Spaziergang im Park oder sogar ein gemütlicher Filmabend Ihre Stimmung hebt? Diese kleinen Freudenmomente helfen dabei, negative Gedanken fernzuhalten.

Schritt 1: Aktivitäten auswählen, die Ihnen Spaß machen

Machen Sie eine Liste von Dingen, die Sie gerne tun - lesen, Rad fahren, vielleicht ein neues Rezept kochen. Es muss nicht ausgefallen oder kompliziert sein; es geht darum, etwas zu tun, das Ihnen ein Lächeln ins Gesicht zaubert. Das Hauptziel ist nicht Großartigkeit, sondern Erfüllung.

Die Kontrolle über Ihren Zeitplan zu übernehmen bedeutet jedoch, **erreichbare Ziele für Ihre täglichen Aufgaben festzulegen.** Teilen Sie die Dinge in kleine, handhabbare Stücke auf. Es könnte so einfach sein wie "20 Minuten lesen" oder "um den Block herumgehen". Erreichbare Ziele bedeuten, dass Sie bei jeder abgeschlossenen Aufgabe diesen kleinen Schub an Erfolg verspüren werden. Das ist nicht zu unterschätzen - es baut Schwung auf und vermittelt ein Gefühl von Fortschritt.

Schritt 2: Kleine tägliche Ziele setzen

Beginnen Sie Ihren Tag mit einem Ziel. Vielleicht ist es ein einfaches Frühstück zuzubereiten oder sich dem Berg von Wäsche zu stellen, der Sie anstarrt. Schreiben Sie es auf (ernsthaft, tragen Sie es in Ihren Planer ein) - diese kleine Handlung kann einen großen Unterschied machen. Wenn Gedanken wirbeln, identifizieren Sie diese kleinen Ziele als Zwischenziele.

Während Sie voranschreiten, **überwachen Sie Ihren Fortschritt und passen Sie ihn bei Bedarf an.** Das ist wichtig, denn manchmal läuft nicht alles wie geplant. Vielleicht wollten Sie ein Kapitel lesen, haben aber nur eine Seite geschafft. Das ist in Ordnung. Wichtiger ist es, zu reflektieren und zu erkennen, wann und wo Anpassungen erforderlich sind.

Schritt 3: Überprüfen und Anpassen Ihres Plans

Nehmen Sie sich jeden Abend eine Minute Zeit, um zu überprüfen, was funktioniert hat und was nicht. Jede Errungenschaft wird abgehakt - sogar Teilerfolge sollten gefeiert werden. Haben Sie Ihre Ziele verfehlt? Passen Sie sie an. "Ein Kapitel lesen" wird zu "die ersten beiden Seiten lesen". Indem Sie ständig neu kalibrieren, passen Sie Ihre Strategie an das an, was für Sie am besten funktioniert.

In Bezug auf wichtige Konzepte lassen Sie uns für einen Moment innehalten und Weisheit einfließen lassen—

„Fortschritt kommt selten durch riesige Sprünge, sondern durch kleine und gezielte Schritte nach vorne."

Im Wesentlichen seien Sie nicht streng mit sich selbst, wenn kleine Ziele unerreicht bleiben. Betrachten Sie diese stattdessen als weitere Teile des Puzzles, die Sie beim nächsten Mal besser zusammenfügen können.

Um dies praktisch umzusetzen, sind Aufzählungspunkte oft hilfreich:

- Haben Sie immer eine Liste von Aktivitäten parat, die Sie sofort tun können, um Ihre Stimmung zu heben.
- Verwenden Sie Planer oder digitale Erinnerungen zur Verfolgung von Zielen.

- Feiern Sie die kleinen Erfolge - wirklich, jeder Erfolg zählt.

Diese Strategien beinhalten ein ausgewogenes Verhältnis von Zusammenhang und einer lockeren Herangehensweise, wobei jeder Teil des Plans manuell an das reale Leben angepasst wird. Erkennen und akzeptieren Sie die Notwendigkeit von Flexibilität. Engagieren Sie sich in Aktivitäten, die Freude bereiten, halten Sie Ihre Ziele erreichbar und überwachen Sie konsequent Ihre Schritte... passen Sie an, ohne Schuldgefühle zu haben.

Emotionale Freiheitstechnik (EFT) Klopfen

Klopfen oder EFT ist eine einzigartige Methode, die spezifische Körperpunkte anspricht, um emotionale Belastungen zu reduzieren. Also, wie funktioniert es? Eigentlich ist es ganz einfach - bei EFT klopfen wir auf bestimmte Akupressurpunkte am Körper und folgen einer festgelegten Abfolge, um verschiedene emotionale Herausforderungen anzugehen. Dieser Ansatz kombiniert das Beste aus beiden Welten - Akupunktur und Psychologie.

Lassen Sie mich mit Ihnen eine grundlegende Klopfsequenz durchgehen. **Schritt 1: Karate Chop** (Die Seite Ihrer Hand). Beginnen Sie, indem Sie mit den Fingerspitzen der anderen Hand auf die Seite Ihrer Hand klopfen. Hier etablieren wir unsere Einstellungsformulierung, die normalerweise etwas wie "Auch wenn ich dieses [Problem] habe, akzeptiere ich mich selbst" lautet.

Schritt 2: Augenbrauenpunkt (Wo die Augenbrauen beginnen, neben der Nase). Verwenden Sie zwei Finger, um sanft auf diesen Punkt zu klopfen und konzentrieren Sie sich auf das Problem, das Sie ansprechen möchten. Wiederholen Sie leise die Problemformulierung.

Schritt 3: Seitlicher Augenpunkt (Neben dem äußeren Augenwinkel). Klopfen Sie weiter, während Sie über das Problem nachdenken oder leise darüber sprechen, mit dem Sie zu tun haben.

Schritt 4: Unter den Augen (Der Knochen unter Ihren Augen). Leichte Klopfungen funktionieren hier am besten, da die Haut empfindlich ist. Dies hilft, die emotionale Spannung freizusetzen, die sich angestaut haben könnte.

Schritt 5: Unter der Nase (Zwischen Ihrer Oberlippe und Nase). Ein paar sanfte Klopfungen, während Sie geistig auf Ihr Problem fokussiert bleiben.

Schritt 6: Kinnpunkt (Mittig zwischen dem unteren Rand Ihrer Unterlippe und dem Punkt Ihres Kinns). Durch das Klopfen hier können emotionale Blockaden weiter aufgelöst werden.

Schritt 7: Schlüsselbein (Wo sich Ihre Schlüsselbeine treffen). An dieser Stelle sind feste, aber sanfte Klopfungen erforderlich, um emotionale Muster zu unterbrechen.

Schritt 8: Unter dem Arm (Etwa vier Zoll unter der Achsel). Verwenden Sie Ihre Fingerspitzen, um hier zu klopfen, da dies dabei hilft, das letzte Stück gespeicherter emotionaler Spannung freizusetzen.

Schritt 9: Oberseite des Kopfes (Die Krone Ihres Kopfes). Beenden Sie die Sequenz, indem Sie leicht direkt auf Ihren Kopf klopfen. Dies hilft dabei, Ihr gesamtes System neu zu kalibrieren.

Kombinieren Sie diese physischen Handlungen mit Affirmationen, um die Wirkung zu verstärken. Beispielsweise könnten Sie beim Klopfen an jedem Punkt sagen: "Ich löse und lasse los, was auch immer negative Emotionen mit dieser Erinnerung verknüpft sind" oder "Ich bin sicher und es geht mir gut".

Hier ist ein interessantes Zitat, an das man sich erinnern sollte:

"Negativität hat nur die Macht, die du ihr gibst."

Integrieren Sie positive Affirmationen während des Klopfens, um Ihren Geist dabei zu unterstützen, den Fokus von Negativität abzulenken. Es ist wie Ihrem Gehirn zu sagen, dass alles gut wird, und ihm in kleinen Schritten eine mentale Aufmunterung zu geben. Spaßig, oder?

Klopfen ist auch wunderbar, wenn Sie sich überwältigt fühlen. Haben Sie schon einmal einen dieser Momente gehabt, in denen einfach alles... zu viel erscheint? Probieren Sie es mit Klopfen aus! Suchen Sie sich einen gemütlichen Platz, folgen Sie den Klopfpunkten und beobachten Sie, wie Ihr Stress wie Eiscreme an einem heißen Tag dahinschmilzt (wir alle können uns doch darauf beziehen, oder?).

Zusätzlich hierzu ein interessanter Tipp: Versuchen Sie für jede Sitzung spezifische emotionale Themen. Beginnen Sie vielleicht die Woche mit dem Fokus auf "Stress bei der Arbeit" und konzentrieren Sie sich an einem anderen Tag auf "Beziehungssorgen". Indem Sie Ihre Klopfsession anpassen, können Sie sie sehr kraftvoll gestalten! Zum Beispiel:

- Fühlen Sie Wut? Zielen Sie auf die Seite, unter das Auge und unter den Arm.
- Sind Sie ängstlich? Klopfen Sie auf Ihre Augenbraue, Ihr Schlüsselbein und Ihr Kinn.
- Gestresst? Konzentrieren Sie sich intensiv auf Ihre Seite, Nase und unter den Arm.

Bringen Sie Ihre Kreativität ein, passen Sie die Techniken an Ihre Bedürfnisse an. Es geht darum, dass es für Sie funktioniert. Und ehrlich gesagt, mit Übung wird es zur Gewohnheit. Probieren Sie es das nächste Mal aus, wenn etwas Sie durcheinanderbringt, und sehen Sie, wie Sie sich danach fühlen.

Schnelle Erdungstechniken

Sich von übermäßigem Nachdenken überwältigt zu fühlen, kann eine echte Herausforderung sein, und manchmal brauchst du einen schnellen Weg, um deinen Geist neu auszurichten und den mentalen Sturm zu beruhigen. Hier sind einige Erdungstechniken, die du sofort anwenden kannst, um sofortige Erleichterung zu bekommen.

Schritt 1: 5-4-3-2-1 Sinnesmethode

Diese Methode ist super praktisch, um aus deinem Kopf herauszukommen. Die Idee ist, sich auf die Umgebung zu konzentrieren und sich über deine Sinne zu erden. Beginne damit, dich umzusehen und deine Sinne zu aktivieren.

- **5 Sehenswürdigkeiten:** Schaue dich um und nenne fünf Dinge, die du sehen kannst. Es könnte die Ecke eines Gemäldes, eine Kaffeetasse auf dem Tisch, die blaue Farbe eines Notizbuchs, eine kleine Pflanze sein. Alles, was du siehst, zählt.
- **4 Geräusche:** Nenne als Nächstes vier Dinge, die du hören kannst. Das Zwitschern von Vögeln draußen, das leise Summen der Klimaanlage, vielleicht entferntes Geplauder oder das sanfte Rascheln von Blättern. Einfach zuhören.
- **3 Berührungen:** Nenne drei Dinge, die du berühren kannst. Vielleicht der Stoff deines Sofas, die glatte Oberfläche deines Schreibtisches oder die Wärme deiner Tasse. Spüre die Texturen.
- **2 Gerüche:** Was sind zwei Dinge, die du riechen kannst? Frisch gebrühter Kaffee, eine Kiefernduftkerze oder etwas anderes in deiner Nähe. Nimm es wahr.
- **1 Geschmack:** Nenne eine Sache, die du schmecken kannst. Ob es der nachklingende Geschmack deiner letzten Mahlzeit ist oder ein Schluck Wasser, bemerke es einfach.

Am Ende dieser Übung solltest du dich präsenter fühlen und weniger in deinen Sorgen gefangen sein. Ich habe festgestellt, dass dies wirklich erdend ist. Ernsthaft, es ist erstaunlich, wie die

Konzentration auf deine Sinne dich aus dem übermäßigen Nachdenken herausholt.

Schritt 2: Atemübungen

Wenn du ängstlich bist, verschlimmert flaches Atmen die Dinge oft. Tiefes Atmen kann einen großen Unterschied machen.

- **Finde einen ruhigen Ort**: Setze dich oder lege dich bequem hin.
- **Einatmen**: Atme langsam und tief durch die Nase ein, während du bis vier zählst.
- **Halten**: Halte deinen Atem für vier Sekunden an. (Fühlt sich etwas lang an, aber du schaffst das!)
- **Ausatmen**: Atme langsam durch den Mund aus, wieder bis vier zählend.
- **Wiederhole**: Mache dies mindestens drei Mal oder bis du dich ruhiger fühlst.

Tiefes Atmen hilft dabei, deine Herzfrequenz zu verlangsamen und deine Muskeln zu entspannen, wodurch du deine Aufmerksamkeit von rasenden Gedanken ablenkst. Einige Menschen visualisieren sogar eine beruhigende Szene während des Atmens – wie eine friedliche Wiese... alles, was dir hilft, dich entspannter zu fühlen.

Beschäftige dich mit deiner unmittelbaren Umgebung, um präsent zu bleiben

Wenn dein Geist anfängt zu kreisen, ist das Schlimmste, in dieser Schleife stecken zu bleiben. Befreie dich, indem du dich mit dem beschäftigst, was um dich herum ist.

- **Steh auf und bewege dich**: Mach einen Spaziergang (die einfachen Handlungen wirken Wunder). Spüre den Boden unter deinen Füßen. Schau in den Himmel.

- **Berühre Gegenstände**: Alles in der Nähe, wie ein Buch, eine Tasse oder sogar dein Hemd. Spüre die Texturen und Formen.
- **Bringe Bewusstheit in alltägliche Aufgaben**: Essen, Geschirrspülen oder sogar Wäsche falten können erdend sein. Konzentriere dich voll auf den Prozess.

Indem du dich in die physische Welt eintauchst, hilfst du dabei, emotionale Belastungen zu unterbrechen und die Intensität des übermäßigen Nachdenkens zu verringern. Es wird einfacher, im Hier und Jetzt zu bleiben.

Präsent zu bleiben kann den Griff von Angst und Stress drastisch reduzieren. Schau dich um, atme tief ein und lasse los, was du nicht kontrollieren kannst.

Versuche diese Übungen beim nächsten Mal, wenn du dich von Gedanken über die Vergangenheit überwältigt fühlst. Verschiebe deinen Fokus von dem, was in deinem Kopf ist, auf das, was direkt vor dir ist. Du könntest hier und jetzt etwas Frieden finden. Und wer braucht nicht in diesen Tagen etwas mehr Frieden?

Denke daran, das Ziel ist nicht, Gedanken zu unterdrücken, sondern ihre Auswirkungen zu reduzieren und deine Ruhe wiederzuerlangen. Fühle dich frei, diese jederzeit auszuprobieren, wenn du eine schnelle mentale Neuausrichtung brauchst.

Lass uns praktisch werden!

In dieser Übung setzen wir das Wissen aus Kapitel 7 in die Praxis um - wir verwandeln die Theorie in eine praktische Routine, die sofortige Erleichterung von übermäßigem Nachdenken und emotionaler Belastung bieten kann. Wir werden verschiedene Techniken wie Gedankenstopp, Exposition, Verhaltensaktivierung, EFT-Klopfen und Erdung kombinieren. Bereit? Lass uns loslegen!

Schritt 1: Gedankenstopp

Wenn dein Verstand ins übermäßige Nachdenken abdriftet, fange dich selbst und sage buchstäblich das Wort **"Stopp."** Diese Unterbrechung hilft dabei, die Schleife zu durchbrechen. Beispiel: Du machst dir ununterbrochen Sorgen über ein bevorstehendes Meeting. In deinem Kopf schreie, **"Stopp!"**

Ersetze danach diese negative Spirale durch konstruktivere Gedanken. Statt dich zu stressen, denke, **"Ich bin vorbereitet und kenne mich aus."**

Schritt 2: Expositionstherapie zur Reduzierung von Angst

Wähle etwas aus, das dich erschreckt (aber fange klein an) und setze dich allmählich damit auseinander. Beispiel: Hast du Angst vor sozialen Situationen? Fang einfach damit an, Zeit in einem Café zu verbringen und ein Buch zu lesen. Beachte deine Reaktionen und erinnere dich daran: **"Es ist in Ordnung, nervös zu sein. Ich bin sicher."** Jedes Mal, wenn du dies tust, nimmt die Angst ein wenig ab... Schritt für Schritt!

Schritt 3: Verhaltensaktivierung

Oft werden wir von unseren Emotionen belastet und daran gehindert, Dinge zu tun, die uns Freude bereiten. Plane eine Aktivität ein, von der du weißt, dass sie dir Freude oder Entspannung bringt - auch wenn du keine Lust dazu hast. Beispiel: Du liebst das Malen, hast aber seit Ewigkeiten keinen Pinsel mehr in die Hand genommen. Stelle einen Timer für nur 10 Minuten ein. Oft fällt es dir schwer aufzuhören, sobald du anfängst. Denke beim Malen: **"Ich mache das für mich. Mein Glück zählt."**

Schritt 4: EFT-Klopfen

Dies ist etwas Besonderes, aber sehr effektiv. EFT (Emotionale Freiheitstechnik) beinhaltet das Klopfen auf Akupunkte am Körper, während du dich auf negative Emotionen oder Stress konzentrierst. Identifiziere zunächst das Problem, das dich belastet. Beispiel: Fühlst du dich von Fristen überwältigt? Klopf sanft auf die Punkte und sage, **"Auch wenn ich gestresst wegen dieser Fristen bin, akzeptiere ich mich tief und komplett."** Gehe durch die Punkte an den Händen, am Kopf und im Gesicht.

Schritt 5: Schnelle Erdungsübungen

Wenn die Angst stark wird, bringen Erdungstechniken dich zurück ins Hier und Jetzt. Eine effektive Methode ist die 5-4-3-2-1-Übung: Identifiziere 5 Dinge, die du sehen kannst, 4 Dinge, die du berühren kannst, 3 Dinge, die du hören kannst, 2 Dinge, die du riechen kannst, und 1 Ding, das du schmecken kannst.

Beispiel: Wenn du an deinem Bürofenster stehst, könntest du die Bäume sehen, deinen Schreibtisch berühren, Kollegen reden hören, Kaffee riechen (lecker!) und Minze schmecken. Erdungsübungen lenken den rasenden Verstand ab und verankern dich im **Jetzt.**

Zum Abschluss erstelle ein **Mantra**, um all diese Praktiken miteinander zu verbinden... etwas wie: **"Ich stoppe negative Gedanken, konfrontiere meine Ängste, tue Dinge, die mich glücklich machen, klopfe den Stress weg und verankere mich im Hier und Jetzt."**

Die tägliche Auseinandersetzung mit diesen Schritten (oder wann immer die Welt überwältigend erscheint) hilft dabei, diese eingefahrenen Gewohnheiten des übermäßigen Nachdenkens und der emotionalen Belastung zu entwurzeln und den Weg für ein erfüllteres, friedlicheres Leben zu ebnen. Du hast jetzt Werkzeuge geschaffen - einfach, zugänglich, effektiv. Los geht's, probiere sie aus!

Kapitel 8: Nachhaltige Langzeitpraktiken

"Veränderung ist das Endresultat allen wahren Lernens."

Wir stehen vor dem entscheidenden Schritt, das Gelernte zu festigen. Es geht darum, **es haften zu lassen**, sicherzustellen, dass die gemachten Veränderungen nicht nur für den Moment, sondern auf lange Sicht bestehen. Dieses Kapitel widmet sich *Nachhaltigen Langzeitpraktiken*, wonach wir alle streben, wenn es um persönliches Wachstum geht, oder?

Hast du dich schon einmal dabei erwischt, wie du in alte Gewohnheiten zurückfällst und gedacht hast: "Warum passiert das immer wieder?" Mach dir keine Sorgen; du bist nicht allein. **Das Aufrechterhalten kognitiver Umstrukturierungsgewohnheiten** ist entscheidend. Als Nächstes gehen wir dazu über, **Neue Gedankenmuster in die Routine zu integrieren**, denn echte Veränderung fühlt sich natürlich an, wenn sie Teil deines täglichen Ablaufs ist.

Hattest du schon einmal einen großartigen Tag und dann *zack* - etwas bringt dich ins Schleudern? Indem du deine **Persönlichen Auslöser** erkennst, bist du immer vorbereitet. Mit **Personalisierten Bewältigungsplänen** hast du eine Landkarte, um schwierige Gelände zu navigieren. Abschließend werden wir **Strategien zur Verhinderung von Rückfällen** erkunden, denn wer will schon rückwärts gehen, oder?

Beim Lesen dieses Kapitels wirst du Werkzeuge erhalten, um deinen Fortschritt dauerhaft zu gestalten, dich gegen Rückschläge zu stärken und neue Gewohnheiten in dein DNA einzubetten. Blättere um und lass uns gemeinsam an der Zukunft bauen, die du anstrebst... zusammmen!

Die Aufrechterhaltung von Gewohnheiten zur kognitiven Umstrukturierung

Regelmäßige Sitzungen zur kognitiven Umstrukturierung einzuplanen – eigentlich ist es wie Zeit für Selbstfürsorge freizuschaufeln – kann einen großen Unterschied machen. Indem du es zu einem Teil deiner Routine machst, wie Zähneputzen oder Frühstücken, erschaffst du eine Gewohnheit, die sich weniger wie eine lästige Pflicht anfühlt und mehr wie ein natürlicher Bestandteil deines Tages. Vielleicht stellst du eine Erinnerung auf dein Telefon für einen ruhigen Moment, wenn du ungestört bist. Diese geplanten Momente zu haben hilft dir dabei, konsequent zu bleiben und zeigt, dass es eine Priorität ist.

Dadurch verstärkst du eine Denkweise, in der du aktiv negative Gedanken identifizierst und herausforderst. Stell dir vor, du bist in einem schwierigen Meeting mit deinem Chef und jemand kritisiert deine Leistung. Anstatt in Gedanken zu versinken mit "Ich bin furchtbar in meinem Job," nimm dir später die geplante Zeit, um den Gedanken zu analysieren und umzugestalten. Denke stattdessen, "Eine Kritik definiert nicht meine Arbeit; sie hilft mir zu wachsen." Verstehst du? Dies ist nicht nur ein einmaliger Prozess – es ist eine lohnenswerte Gewohnheit, die es wert ist aufgebaut zu werden und mit der Zeit wird es einfacher, mit diesen herausfordernden Gedanken umzugehen, wenn sie auftauchen.

Tägliche Affirmationen spielen hier auch eine Rolle – diese kleinen Sätze können den Ton für deinen Tag setzen. Ich beginne gerne mit etwas Einfachem und Persönlichem, wie "Ich bin fähig;" es wird zu einem positiven Gegenpol zu jeglicher Negativität von innen oder außen. Schreibe einige eigene auf... vielleicht klebst du sie als Notizen in deinem Haus, um als sanfte, ständige Erinnerung zu dienen. Diese konsequente Bestärkung, Tag für Tag, hilft dabei, eine Art mentalen Schutzschild aufzubauen – selbstzweifel abzublocken, bevor sie Wurzeln schlagen.

Den Fortschritt verfolgen ist ein weiteres wirkungsvolles Element. Ein kurzer Tagebucheintrag – nichts Besonderes – kann hier Wunder wirken. Das Festhalten dieser kleinen Erfolge wie "Heute habe ich bemerkt, dass ich übermäßig nachdenke und meine Aufmerksamkeit verschoben habe," dient nicht nur als Anerkennung, sondern auch als Möglichkeit zu sehen, wie weit du gekommen bist. Wenn du Muster oder wiederkehrende negative Gedanken bemerkst, ist es einfacher, Bereiche zu identifizieren, die mehr Aufmerksamkeit benötigen.

Eine der Schlüsselpunkte, an die man sich erinnern sollte (eher wie "niemals vergessen"), ist zu akzeptieren, dass Fortschritt nicht immer linear verläuft. Manche Tage werden sich anfühlen, als ob du einen Schritt zurück machst, und das ist in Ordnung! (Ja, selbst die wahrgenommenen Rückschläge sind Teil des Voranschreitens.)

Diese strukturellen Gewohnheiten helfen dabei, Widerstandsfähigkeit gegen negative Gedanken zu stärken. Du wirst besser darin, zu erkennen, wann und warum negative Muster auftauchen, was es dir ermöglicht, einzugreifen und das übermäßige Nachdenken zu stoppen, bevor es überhandnimmt.

"Entwickle die Gewohnheit wie das Trainieren eines Muskels; je konsequenter du trainierst, desto stärker wirst du."

Um die Dinge einfacher zu gestalten, folge vielleicht diesen Schritten:

- **Identifiziere den negativen Gedanken**

Fange ihn ein, bevor er sich ausbreiten kann. Wenn du das vertraute Hineingezogenwerden in negatives Grübeln spürst, halte inne. Sei dir des Gedankens bewusst, mit dem du ringst.

- **Herausforderung des Gedankens**

Diskutiere ihn! Könnte er weniger schwerwiegend oder weniger wahrscheinlich sein, als du denkst? Denke an positive Beweise, die diese düstere Perspektive entkräften. Dieses mentale "Hin und Her" ist der Ort, an dem ein bedeutender Umschwung stattfindet.

- **Ersetze den Gedanken**

Hier kommt die Kraft wirklich zum Tragen. Ersetze "Ich werde das nie richtig hinbekommen" mit "Ich könnte jetzt kämpfen, habe schon gekämpft, habe mich immer verbessert." Ersetze jeden Gedanken – verändere die Stimmung deines Selbstgesprächs.

- **Reflektiere regelmäßig**

Vor dem Schlafengehen oder nach dem Aufwachen, nimm dir etwas Zeit – nur ein paar Minuten – um aufzuschreiben, wie oft du mit diesen konfrontiert warst und deine Erfolge beim Umstrukturieren dieser hartnäckigen Gedanken. Verfolge es.

Sich darauf zu konzentrieren, sich mental gut zu fühlen, lässt dich dich selbst besser verstehen und kleine Schritte jeden Tag machen. Du behältst die Kontrolle über Gedanken, die einst Einfluss hatten, bewegst dich auf stabileren emotionalen Boden zu, ohne in Schleifen des übermäßigen Nachdenkens stecken zu bleiben. (Glaube mir, das funktioniert Wunder.)

Das Erkennen und echte Respektieren deines Wachstums kann alte Zweifel abwehren, was natürlich zu einem Gedankenraum führt, in dem du frei bist... und es dir ermöglicht, die lebendigen Momente zu genießen, die das Leben bereithält. Glaubst du nicht, dass sich die Mühe lohnt?

Neue Denkmuster in die Routine integrieren

Setze Ziele. Etwas Spezifisches und Erreichbares, nicht zu verrückt und definitiv in Reichweite. Ob du darauf abzielst, dein Handy nur drei Mal am Tag zu überprüfen oder eine Gewohnheit abzulegen, diese kleinen Schritte addieren sich im Laufe der Zeit. Ziele geben eine Richtung vor; sie zeigen dir, wohin du deine Bemühungen lenken sollst und halten dich fokussiert.

Wie wäre es mit visuellen Erinnerungen? Diese sind super hilfreich. Ein Post-it am Kühlschrank, der Hintergrund deines Bildschirms oder sogar ein kleines Armband hält deinen Geist wach für neue Ziele. Es geht nicht darum, deinen Raum zu überladen, sondern um sanftes Lenken deiner Gedanken in die richtige Richtung. Diese Erinnerungen oft zu sehen, wird allmählich diese neuen Denkmuster in deinen alltäglichen Handlungen verankern.

Praktiziere Selbstmitgefühl. Ernsthaft, sei nachsichtig mit dir selbst. Das Ändern deiner Denkweise ist kein Sprint; es ist eher wie ein Marathon. Du wirst schwächeln und Fehler machen, und das ist in Ordnung - es gehört dazu. Erinnere dich daran, dass jeder Schritt, auch die Rückwärtsschritte, zu deinem Fortschritt beitragen. Denke daran, wie du mit einem guten Freund sprichst; sie würden dich nicht für Fehler kritisieren, also warum solltest du das tun? Betrachte Momente des Kampfes als Lerngelegenheiten statt als Misserfolge.

Geduld... ja, das kann schwierig sein. Gedankenmuster sind nicht wie Handschrift auf einer Tafel; sie sind eher wie in Stein gemeißelt. Stell dir vor, du versuchst eine tief verwurzelte Gewohnheit zu löschen - jeder winzige Meißelschlag macht einen Unterschied, ändert aber nicht alles auf einmal. Gib dir Zeit und erlaube diesen Veränderungen, sich natürlich einzuprägen.

"Es ist in ORDNUNG, schlechte Tage zu haben, es ist in ORDNUNG, Fehler zu machen... betrachte sie als Pausen in einem langen Lied."

Wenn du merkst, dass du in alte Muster zurückfällst, lenke deine Gedanken sanft um. Vielleicht wenn du über ein vergangenes Gespräch nachdenkst, erinnere dich daran: "Es ist vorbei, ich kann es nicht ändern." Dies funktioniert so ähnlich wie das Lenken eines Autos - kleine Anpassungen machen anstatt abrupte Wendungen.

Aufzählungspunkte können diese Umstellung weiter vereinfachen:

- Klebezettel für ständige Erinnerungen
- Handy-Alarme mit motivierenden Hinweisen
- Einfache Diagramme zur Verfolgung des Fortschritts

Balance ist hier entscheidend. Ziele zu erreichen sollte nicht zu Burnout führen. Nimm dir Momente für Selbstfürsorge, wie auch immer du sie definierst - ein Spaziergang, Lesen oder einfach nur ruhig sitzen.

- **Setze ein klares Ziel**

  Kleine Schritte helfen am Anfang. Zum Beispiel, wenn du dazu neigst, viel nachzudenken, könnte ein Ziel lauten: "Ich werde täglich 5 Minuten achtsames Atmen üben."

- **Verwende visuelle Erinnerungen**

  Platziere einen Klebezettel, wo du ihn siehst - ein Badezimmerspiegel wirkt Wunder: "Atme, sei präsent." Diese Hinweise wirken wie Brotkrumen, die dich jederzeit zurück auf den Weg führen.

- **Praktiziere Selbstmitgefühl**

  Sage dir selbst, dass es in Ordnung ist zu kämpfen. Vielleicht hattest du einen Tag, an dem es schwer schien, diese Ziele zu verfolgen. Erkenne das an und sei sanft zu dir selbst: "Jeder Schritt zählt, auch die schwierigen Tage."

- **Korrigiere sanft**

  Wenn du in Negativität abrutschst, ändere den Gedanken. Stell dir vor, du bemerkst, dass du grübelst - halte inne und ersetze das mit: "Ich habe mein Bestes gegeben mit den Infos, die ich hatte."

Zum Abschluss, neue Denkmuster in den Alltag zu integrieren ist kein schneller Erfolg. Es ist wie Samen pflanzen, wo tägliche Pflege und Aufmerksamkeit sie sprießen und stärker werden lassen. Mit spezifischen Zielen, sichtbaren Erinnerungen und einer mitfühlenden Einstellung werden diese neuen Muster bald wie selbstverständlich erscheinen - erreichbar und umsetzbar, und machen deine Routine zu einem fruchtbaren Boden für positive Veränderungen.

Identifizierung persönlicher Auslöser

Bei der Bewältigung von emotionalen Stress oder Angstzuständen kann es hilfreich sein, herauszufinden, was diese Gefühle auslöst. Es ist wie das Aufdecken kleiner Puzzlestücke. Zu verstehen, was uns antreibt (oder explodieren lässt), kann uns eine bessere Kontrolle über unsere Reaktionen geben. Hier sind einige Schritte zur Identifizierung und Bewältigung dieser auslösenden Situationen.

Eine Liste bekannter Auslöser führen

Beginnen Sie damit, Situationen, Wörter, Menschen - was auch immer Ihr Herz schneller schlagen oder Ihre Hände schwitzen lässt - aufzuschreiben. Es muss nicht fancy sein; schnappen Sie sich ein Notizbuch oder nutzen Sie sogar Ihr Telefon. Diese Liste wird Ihnen helfen, vorherzusagen und sich darauf vorzubereiten, wann diese Situationen auftreten könnten. Wenn Sie zum Beispiel feststellen, dass Sie jedes Mal ängstlich werden, wenn Sie nach Feierabend eine

Arbeits-E-Mail erhalten, schreiben Sie das auf die Liste. *Oh, und glauben Sie mir, das ist so nachvollziehbar!*

Emotionale Reaktionen auf verschiedene Situationen überwachen

Es ist an der Zeit, darauf zu achten, wie Sie reagieren. Sie sind der Detektiv in Ihrem eigenen Leben. Wenn ein spontanes Treffen mit Ihrem Chef Ihr Gehirn in einen Nebel versetzt, notieren Sie es. Fühlten Sie sich ungeduldig? Überwältigt? Wütend? Wenn Sie sich Situationen und den Anstieg der Emotionen mental notieren, werden Sie Muster erkennen können. Außerdem hilft das Festhalten dieser Reaktionen dabei, vage Gefühle in etwas Konkreteres zu verwandeln... *es ist, als würde man dem Geist einen Namen geben.*

Bewusstsein für körperliche Anzeichen von Stress entwickeln

Unsere Körper sind schlau - manchmal schlauer als wir. Sie senden Signale aus, wenn wir gestresst sind. Achten Sie auf Anzeichen wie verkrampfte Fäuste, ein rasendes Herz, flaches Atmen oder verspannte Schultern. Ich habe oft festgestellt, dass mein Kiefer in stressigen Situationen verkrampft war, was ich nicht bemerkt hätte, wenn ich mir nicht einen Moment Zeit genommen hätte, um mit mir selbst in Kontakt zu treten. Sobald Sie diese Anzeichen erkennen, werden Sie schneller feststellen können, wann Sie auf einen Stressauslöser zusteuern, bevor es schlimmer wird.

"Selbst etwas so Kleines wie nervös mit dem Fuß zu tippen, kann ein wichtiger Hinweis darauf sein, dass Sie sich unwohl oder gestresst fühlen."

Hier hört es nicht auf. Hier sind einige zusätzliche ratsame Ratschläge.

- **Überprüfen Sie Ihre Umgebung**: Lichtempfindlichkeit verursacht Kopfschmerzen? Zu viele offene Registerkarten bringen Chaos? Ihre Umgebung spielt eine Rolle. Passen Sie sie entsprechend an und ersparen Sie sich viel Unbehagen.

- **Untersuchen, bevor Sie reagieren**: Bevor Sie sich in ein Argument oder eine Entscheidung stürzen, machen Sie eine Pause und untersuchen Sie Ihre Umgebung sowie Ihren inneren Zustand.

Schließlich teilen Sie diese Erkenntnisse mit jemandem, der mit Ihnen zusammen ist - Ihrem Partner, einem engen Freund, vielleicht sogar einem Therapeuten. Einige Auslöser lassen sich besser bewältigen, wenn sie offen und geteilt sind. Wenn jemand von Ihrer Angst vor öffentlichem Sprechen weiß, kann er Ihnen zur Seite stehen und Sie unterstützen.

Ihre Aufgabe ist es, geduldig zu sein und behutsam in Handlungen und Reaktionen einzutauchen. Unsere Körper reagieren deutlich auf Stress - essentielle Hinweise zur Identifizierung von Auslösern. Notieren Sie diese herzhaften Ausbrüche... ("oder Kopfdreher oder Faustverkrampfungen" - Sie werden die Muster klarer erkennen, wenn die greifbare Decke direkt da ist).

Personalisierte Bewältigungspläne

Die Erstellung eines Plans zur Bewältigung von Stress kann lebensverändernd sein. Doch, ihn in praktische Schritte zu organisieren... dort passiert die Magie! Lassen Sie uns das aufschlüsseln.

Stressfaktoren identifizieren

Beginnen Sie damit, die Dinge aufzuschreiben, die Sie stressen. Es könnte alles sein, von Arbeitsfristen bis zu familiären Dramen. Notieren Sie alles, egal wie groß oder klein es erscheint. Es ist wie der Versuch, die Regenwolken zu erkennen, bevor Sie rausgehen - Sie wollen einfach vorbereitet sein.

Bauen Sie eine Stress-Toolbox auf

Denken Sie an Techniken, die Ihnen helfen können, mit Stress umzugehen. Vielleicht tiefes Atmen, wenn Sie sich überwältigt fühlen, oder vielleicht ein schneller Spaziergang um den Block. Schreiben Sie ein paar nützliche Techniken auf, von denen Sie wissen, dass sie für Sie funktionieren - oder sogar solche, von denen Sie gehört haben und die Sie ausprobieren möchten. **Bewegung, Meditation und Hobbys können Lebensretter in stressigen Zeiten sein.**

Hier ist eine schnelle Liste:

- Atemübungen
- Kurze Spaziergänge
- Beruhigende Musik hören
- Ihre Gedanken aufschreiben
- Sich mit einem Hobby beschäftigen, das Sie lieben

Holen Sie sich Unterstützung

Identifizieren Sie die Menschen, die Sie unterstützen. Wem vertrauen Sie, um Ihre Gefühle zu teilen? Es könnten Familienmitglieder, enge Freunde oder sogar ein professioneller Berater sein. Unterstützung zu haben kann unbezahlbar sein... Ihr eigenes kleines Cheerleading-Team.

Ihre Liste könnte enthalten:

- Familienmitglieder
- Enge Freunde
- Mentoren oder vertrauenswürdige Kollegen
- Professionelle Berater oder Therapeuten

Üben und Anpassen

Beginnen Sie, Ihre Toolbox zu nutzen, wenn Sie sich gestresst fühlen, und achten Sie darauf, mit denen in Ihrem Unterstützungsnetzwerk zu kommunizieren. Sehen Sie, was funktioniert und was nicht. Helfen tiefe Atemzüge oder fällt die Methode flach? (Genau wie bei Rezepten müssen Sie manchmal die Zutaten anpassen... zögern Sie nicht, Ihre Ansätze anzupassen.)

Schauen Sie sich Bewertungen an - in diesem Zusammenhang, wie gut funktionieren Ihre Strategien? Ein bisschen Journalüberprüfung kann Ihnen Einblicke geben, was effektiv ist. Machen Sie es zur Gewohnheit... nicht, weil es einfach ist, sondern weil es hilfreich ist.

"Wenn du stolperst, mache es zum Teil des Tanzes" - *es geht darum, sich anzupassen und voranzukommen.*

Erstellen Sie einen Zeitplan

Integrieren Sie diese Stressbewältigungstechniken und Unterstützungskontrollen in Ihren täglichen Ablauf. Es erfordert keinen militärischen Zeitplan - ein freundlicher Schubs, wie das Hinzufügen von dedizierter "Me-Time" nach dem Abendessen oder das Festlegen eines wöchentlichen Anrufs mit einem Freund, wirkt Wunder.

Tägliche und wöchentliche Zeitfenster könnten umfassen:

- Morgenmeditation: 10 Minuten täglich
- Abendspaziergänge: 20 Minuten, dreimal pro Woche
- Wöchentliche Anrufe/Nachrichten an Freunde: jeden Samstag

Reflektieren und Nachjustieren

Alle paar Wochen nehmen Sie sich etwas Zeit, um Ihren Plan zu reflektieren. Wie hoch ist Ihr Stresslevel? Gibt es etwas, das Sie anders machen könnten? **Regelmäßige Überprüfungen und Anpassungen machen einen Unterschied.** Frischere Methoden können besser funktionieren... es geht darum, es dynamisch zu halten.

Am Ende, denken Sie daran, dass dies *Ihr* Plan ist und es keine Einheitslösung gibt (glauben Sie mir, ich weiß, wie gemütlich die Anpassung sein kann). Stressbewältigungstaktiken sind nicht für immer festgelegt - sie entwickeln sich mit Ihnen weiter. Machen Sie Ihren Plan flexibel und justieren Sie ihn weiter. Der Weg ist wichtiger als der Wettlauf ins Ziel.

Strategien zur Verhinderung von Rückfällen

Alles langfristig auf Kurs zu halten, kann ein wenig knifflig sein, wenn man nicht mit den richtigen Werkzeugen ausgestattet ist. Hier sind einige praktische Methoden, die helfen können, auf Kurs zu bleiben und Rückfälle in alte Gewohnheiten zu verhindern.

Kontinuität ist dein Freund. Die Etablierung einer konsistenten täglichen Routine kann wirklich helfen. Außerdem, wer mag keine Ordnung? Denke an einfache Dinge wie das Festlegen einer bestimmten Zeit zum Aufwachen, für Sport, Arbeit und Entspannung. Es muss nicht militärisch-streng sein. Vielleicht wachst du um 7 Uhr auf, frühstückst und machst dann einen kurzen Spaziergang. Dann etwas Arbeit oder persönliche Projekte bis zum Mittagessen. Das Befolgen eines Musters jeden Tag schafft einen Rhythmus, und dein Verstand (sowie dein Körper) werden beginnen, sich darauf zu verlassen. Einfache Dinge wie diese bauen eine stabile Grundlinie auf, um Stress fernzuhalten.

Ein weiterer starker Ansatz... übe Durchsetzungsvermögen, um stressige Situationen zu vermeiden. Setze dich nicht einfach hin und lass die Welt ihre Probleme auf dich abladen. Sprich! Setze Grenzen. Zum Beispiel, wenn jemand ständig seinen Stress auf dich abwälzt, erkläre höflich, aber bestimmt, dass du nur helfen kannst, wenn du selbst nicht überfordert bist (und es ist in Ordnung, manchmal nein zu sagen). Selbst zu sagen, "Ich konzentriere mich derzeit auf meine Dinge, können wir später darüber sprechen?" wirkt Wunder.

Und jetzt zum Spaß... sich in geistig anregenden Aktivitäten engagieren. Das können alles mögliche sein, von Lesen über ein Hobby, das Kochen eines neuen Rezepts bis hin zum Entspannen bei guter Musik. Die Idee ist, deinem Gehirn etwas Positives und Ablenkendes zu geben. Oft höre ich Leute sagen, "Ich sollte wieder mit Yoga anfangen!" oder "Vielleicht fange ich mit Gärtnern an." Dazu sage ich, tu, was sich für dich richtig anfühlt. Selbst das Zubereiten einer schönen Mahlzeit kann eine belohnende Tat auf mehr als eine Weise sein!

Das Leben wirft auch Kurvenbälle, und es ist in Ordnung, gelegentlich zu stolpern. Manchmal ist es wichtig, sich daran zu erinnern, was hilft. Sage dir jeden Morgen: **"Priorisiere meinen Frieden. Bearbeite immer nur eine Sache."**

Um sicherzustellen, dass du nicht abdriftest, hier ist ein praktischer Leitfaden:

Schritt 1: Baue eine Routine auf

- Lege Aufwach- und Schlafenszeiten fest (ja, jeden Tag zur gleichen Zeit)
- Plane spezifische Zeiträume für Mahlzeiten, Arbeit, Sport und Freizeit ein
- Behalte einen Planer oder erstelle einen einfachen Zeitplan (es fühlt sich gut an, Dinge abzuhaken, glaube mir)

Schritt 2: Sei Durchsetzungsfähig

- Sage nein, wenn es zu viel wird (du darfst deinen Frieden schützen)
- Setze Grenzen (sowohl persönlich als auch beruflich)
- Lerne und benutze Schlüsselsätze wie "Ich kann mich jetzt nicht darauf konzentrieren", um zusätzlichen Stress zu vermeiden

Schritt 3: Engagiere dich in aufbauenden Aktivitäten

- Wähle Hobbys, die Freude oder Entspannung bringen
- Plane Aktivitäten im Voraus (Schau einen Film, lies ein Buch, plane sogar ein cooles DIY-Projekt)
- Verbinde dich mit anderen, die die gleichen Interessen teilen (finde eine lokale Gruppe oder Online-Community)

Das Einhalten dieser Praktiken könnte das Geheimwaffe gegen das Verfallen in übermäßiges Nachdenken und Stress sein. Sicher, es wird Tage geben, an denen es schwieriger ist, sich daran zu halten, aber diese Kerngewohnheiten bieten Struktur, Ruhe und ein Gefühl von Balance, das für das langfristige Wohlbefinden entscheidend ist.

Hab dabei auch etwas Spaß. Immerhin hast du ein Leben zu leben!

Lass uns praktisch werden!

Also, du hast also etwas Zeit damit verbracht, die tieferen Erkenntnisse aus Kapitel 8 aufzusaugen. Es geht darum, nachhaltige Langzeitpraktiken für ein friedlicheres und ausgeglicheneres Leben zu etablieren - klingt traumhaft, oder? Aber wie setzen wir diese Theorie tatsächlich in der realen Welt um? Gute Nachrichten: Wir werden diese Konzepte hier und jetzt in Handlungen umsetzen.

Schritt 1: Beginne mit der kognitiven Umstrukturierung

Was ist das, sagst du? Im Grunde genommen geht es darum, dein Gehirn darauf zu trainieren, negative Gedanken in positivere, hilfreichere umzukehren. Hier ist, was du tun sollst: Denke an einen häufigen negativen Gedanken, den du hast - vielleicht ist es: "Ich mache immer alles falsch." Nimm ein Stück Papier und schreibe es auf. Fordere diesen Gedanken dann heraus! Ist das wirklich immer wahr? Wahrscheinlich nicht. Schreibe also daneben: "Ich mache manchmal Fehler, genauso wie alle anderen, aber ich lerne dazu und verbessere mich."

Beispiel:

- Negativer Gedanke: "Ich bin furchtbar darin, mit Stress umzugehen."
- Neuer Gedanke: "Ich lerne jeden Tag besser mit Stress umzugehen."

Mache das täglich, bis es zur Gewohnheit wird. Es ist wie ins Fitnessstudio für deinen Geist zu gehen.

Schritt 2: Neue Denkmuster in deine Routine integrieren

Also, du hast deine positiven Gedanken aufgeschrieben. Wie behältst du sie bei? Wiederholung ist der Schlüssel. Identifiziere Alltagsmomente, in denen diese neuen Gedanken eine Rolle spielen können. Vielleicht kannst du deinen Tag mit einer dieser positiven Bestätigungen beginnen oder dich daran erinnern, wenn du vor einer Herausforderung stehst.

Praktisches Beispiel:

- Morgenbestätigung: Wach auf und sage: "Jeder Tag ist eine Chance zu wachsen und sich zu verbessern."
- Bei einer Herausforderung bei der Arbeit: Halte inne, atme tief durch und denke: "Das ist schwer, aber ich habe schon schwierige Situationen gemeistert und bin stärker daraus hervorgegangen."

Je mehr du diese Gedanken in deinen Tag integrierst, desto stärker werden sie.

Schritt 3: Identifiziere deine Auslöser

Wir alle haben diese kleinen Dinge, die uns aus der Bahn werfen - eine späte E-Mail, ein schnippischer Kommentar, du nennst es. Diese Auslöser zu identifizieren ist wie die Wurzel eines Unkrauts zu finden; wenn du weißt, woher es kommt, kannst du besser damit umgehen. Schnapp dir ein Tagebuch und notiere alle Momente, die deinen Stress oder deine Negativität steigern. Was ist passiert? Wie hast du dich gefühlt? Das Ziel hier ist nicht nur, sie zu notieren, sondern wirklich zu verstehen, was dich antreibt.

Beispielaufzeichnung:

- Auslöser: "Wenn mein Chef ein Projekt kritisiert, an dem ich arbeite."
- Gefühl: "Ich fühle mich nicht gut genug."

Schritt 4: Erstelle personalisierte Bewältigungspläne

Für jeden Auslöser entwickle einen Plan, um ruhig und gesammelt zu bleiben. Dieser Plan kann Maßnahmen wie Atemübungen, einen kurzen Spaziergang machen oder dich an vergangene Erfolge erinnern, beinhalten.

Beispieler-Bewältigungsplan:

- Auslöser: Negative Rückmeldung bei der Arbeit.
- Bewältigungsplan: Mache drei tiefe Atemzüge. Erinnere dich an drei Dinge, die du kürzlich gut gemacht hast. Entscheide dich für eine konstruktive Maßnahme, um die Situation zu verbessern.

Wenn also die Kritik eintrifft, hast du Werkzeuge bereit, die du anwenden kannst, anstatt in negative Gedanken zu verfallen.

Schritt 5: Strategien zur Verhinderung von Rückfällen

Alte Gewohnheiten sterben schwer, und es ist so einfach, in sie zurückzufallen, wenn wir es am wenigsten erwarten. Hab ein paar Strategien parat, um auf Kurs zu bleiben. Eine effektive Methode ist, regelmäßige Selbstprüfungen durchzuführen. Vielleicht nimmst du dir jeden Sonntag 15 Minuten Zeit, um deinen Fortschritt zu überprüfen. Reflektiere darüber, was funktioniert und was nicht.

Beispielfragen für die Selbstprüfung:

- "Habe ich diese Woche erfolgreich meine negativen Gedanken umformuliert?"
- "Gab es Auslöser, auf die ich nicht vorbereitet war?"
- "Was kann ich nächste Woche anders machen, um mich zu verbessern?"

Ein weiterer Tipp: Teile deinen Fortschritt mit einem Freund oder Therapeuten. Manchmal kann es hilfreich sein, deine Ziele und Herausforderungen laut auszusprechen, um eine zusätzliche Schicht der Verantwortlichkeit hinzuzufügen - und etwas Unterstützung schadet nie.

Zusammenfassend erfordert die Etablierung nachhaltiger Langzeitpraktiken konsequente Anstrengung und Achtsamkeit, aber sie ist erreichbar. Indem du deine Gedanken umstrukturierst, neue Denkmuster in deine Routine integrierst, Auslöser verstehst und angehst, Bewältigungsmechanismen personalisierst und Strategien zur Vermeidung von Rückfällen entwickelst, bereitest du dich auf ein viel ruhigeres, widerstandsfähigeres Leben vor. Du hast alle Werkzeuge zur Hand - nutze sie klug und beobachte, wie du mehr lebst und weniger grübelst.

Kapitel 9: Freiheit umarmen und voranschreiten

"Freiheit ist der Sauerstoff der Seele."

Willkommen zu einem aufregenden Kapitel, das den Ton für **neue Anfänge** setzt und über alte Kämpfe hinweggeht. *Hast du jemals das Gefühl gehabt, dass du in einer Schleife feststeckst und ständig über die gleichen alten Dinge nachdenkst?* Dieses Kapitel dreht sich darum, sich aus diesem Kreislauf zu befreien.

Wir beginnen damit, wie man **emotionale Widerstandsfähigkeit aufrechterhält** – was bedeutet das überhaupt, richtig? Es geht darum, cool zu bleiben und stark zu sein, auch wenn es schwierig wird. Dann ist es Zeit zu feiern! **Fortschritt und Meilensteine** mögen klein erscheinen, aber sie sind sehr wichtig, um dich motiviert zu halten.

Weiter geht's: Ohne ständiges Grübeln zu leben, ist wie mentalen Ballast loszuwerden. Du kannst endlich durchatmen und dich auf das nächste konzentrieren. Was als Nächstes kommt, sich **für zukünftige Herausforderungen zu stärken**, ist entscheidend. Denk daran, dass du dir Werkzeuge für die Höhen und Tiefen des Lebens aneignest.

Schließlich Ressourcen für kontinuierliches Wachstum. *Immer praktisch, oder?*

Am Ende dieses Kapitels wirst du dich leichter, fokussierter und bereit fühlen, allem zu begegnen, was auf dich zukommt. Also lass uns sehen, wie wir die Freiheit umarmen und glücklich voranschreiten können!

Klingt gut? *Lass uns anfangen.*

Aufrechterhaltung emotionaler Widerstandsfähigkeit

Emotionale Widerstandsfähigkeit aufzubauen - das kann herausfordernd sein, oder? Aber es ist auch super wichtig, denn es legt den Grundstein dafür, wie du mit den Höhen und Tiefen des Lebens umgehst. Den mentalen Wagemut durch Selbstwahrnehmung aufzubauen ist ein guter Ausgangspunkt. Du musst dich wirklich kennen, um mit Stress umgehen zu können.

Nimm dir einen ruhigen Moment; denke an einen emotionalen Rückschlag, den du hattest. Achte auf deine Gedanken - geraten sie in Negativität, oder identifizieren sie Lösungen? Zum Beispiel, nach einem Streit mit einem Freund, anstatt sich auf verletzte Gefühle zu konzentrieren, kannst du dich fragen: "Was kann ich daraus lernen? Wie kann ich es beim nächsten Mal anders angehen?"

Anpassungsfähig zu sein ist genauso wichtig. Das Leben ist unvorhersehbar, oder? Was hilft, ist die Flexibilität, dein Denken anzupassen, wenn Dinge nicht wie geplant laufen. Angenommen, dein Arbeitsabgabetermin wird unerwartet vorgezogen. Du könntest in Panik geraten, aber du könntest auch entscheiden, in kürzeren, intensiveren Schüben zu arbeiten - im Grunde genommen dein Gehirn dazu bringen, die Situation als eine neue, lösbare Herausforderung zu sehen.

Schritt 1: Praktiziere Selbstwahrnehmung: Führe ein Tagebuch, um deine Gedanken und Gefühle festzuhalten. Ein einfacher dreistufiger Prozess jeden Tag (was passiert ist, wie du dich gefühlt hast, was du gelernt hast) wird weitreichend sein.

Schritt 2: Flexibilität im Denken: Wenn du merkst, dass du in einem negativen Gedankenmuster feststeckst, bemühe dich aktiv, alternative Ergebnisse oder Lösungen zu bedenken. Du kannst sogar versuchen, etwas Physisches zu tun, um deine Denkweise aufzulockern - wie eine schnelle Runde laufen oder eine Rätselpause.

Als nächstes wollen wir über die Entwicklung gesunder Bewältigungsstrategien für emotionalen Stress sprechen. Du hast definitiv deine eigenen Wege, aber sind sie effektiv? Manchmal ist das, was wir für hilfreich halten, es tatsächlich nicht.

Positive Bewältigungswege können beinhalten:

- Körperliche Aktivitäten, wie tägliche Spaziergänge oder irgendein Sport, den du genießt.
- Kreative Möglichkeiten, wie Zeichnen, ein Musikinstrument spielen oder Stricken (ja, Stricken). Diese Aktivitäten ermöglichen es deinem Gehirn, von Stressoren abzuschalten.
- Mit jemandem, dem du vertraust, darüber zu sprechen. Es hilft mehr, als du denkst.

Was du **vermeiden** solltest, sind ungesunde Bewältigungsmechanismen:

- Gewohnheitsmäßiges Trinken oder Überessen, um den Schmerz zu betäuben.
- Stundenlanges Durchscrollen von sozialen Medien, was zunächst wie eine Flucht erscheinen mag, aber oft zu mehr Stress führt.

Denke darüber nach, was dir in der Vergangenheit geholfen hat, mit Stress umzugehen. Vielleicht denkst du "Ich ziehe es einfach vor, Videospiele zu spielen." In Ordnung, aber kombiniere das mit anderen Bewältigungsmethoden. Vielfalt hilft dir, widerstandsfähiger zu sein.

Schritt 3: Identifiziere gesunde Ausgänge: Es kann ein Spielveränderer sein (ja, das habe ich gesagt!), ein paar Möglichkeiten zu haben, auf die du zurückgreifen kannst, wenn der Stress zuschlägt. Ob es ein Training, ein Hobby oder einfach das Gespräch mit einem Freund ist, erstelle eine Liste, auf die du zurückgreifen kannst, wenn du sie brauchst.

Schritt 4: Schädliche Gewohnheiten begrenzen: Achte auf Verhaltensweisen, die sich kurzfristig gut anfühlen, aber langfristig schädlich sind. Sich dessen bewusst zu sein, ist der erste Schritt, um sie zu reduzieren.

Emotional widerstandsfähig zu bleiben, geht nicht immer darum, Stress zu vermeiden - stellen wir uns der Realität, das Leben steckt voller seltsamer Wendungen und Wendungen. Stattdessen geht es darum, zu lernen, **die Wellen zu reiten**, ohne darin zu ertrinken. "Erfolg im Leben ist zu 10% das, was dir passiert, und zu 90% wie du darauf reagierst."

Dieses Zitat mag ein wenig abgedroschen klingen, aber darin steckt Wahrheit, oder? Herausforderungen als Chancen für Wachstum anstatt Rückschläge zu sehen, verändert, wie du damit umgehst.

Schritt 5: Reflektiere: Nimm dir immer einen Moment Zeit, um den Tag in Gedanken (oder wörtlich) durchzugehen. Identifiziere die Stressfaktoren und überlege, wie du damit umgegangen bist, und denke darüber nach, wie du ähnliche Situationen in Zukunft besser bewältigen könntest.

Mutiger Schritt: Verpflichte dich täglich zu dieser Reflexion. Es bereitet dich darauf vor, mit Stress jeden Tag besser umzugehen und macht diese Wellen etwas leichter zu reiten.

Widerstandsfähigkeit aufzubauen geht darum, praktische Veränderungen vorzunehmen - solche, die du heute beginnen kannst. Halte dieses Tagebuch bereit, bleibe flexibel im Denken, verlasse dich auf gesunde Ausgänge, begrenze die schädlichen Dinge und nimm dir täglich deinen Moment der Reflexion. Es ist eine belohnende Reise... Halte durch, du bist auf dem richtigen Weg!

Fortschritt und Meilensteine feiern

Es ist wichtig, sich von Zeit zu Zeit auf die Schulter zu klopfen. Kleine Erfolge sind wie kleine Feuerwerke, die unseren Fortschrittsweg erhellen - sie bringen Motivation und lassen uns gut fühlen über die Schritte, die wir unternehmen.

Anerkennung kleiner Erfolge

Kleine Erfolge halten unsere Stimmung hoch. Vielleicht haben Sie heute beschlossen, nur fünf Minuten zu meditieren oder es geschafft, zu einem Plan 'nein' zu sagen, zu dem Sie keine Lust hatten. Diese Momente zählen und sich an sie zu erinnern, kann Ihre Moral steigern. Denken Sie an sie als winzige Erfolge, die es wert sind, gefeiert zu werden. Ein Freund hat mir einmal gesagt: "Kleine Erfolge zu würdigen ist entscheidend", und es hat wirklich Klick gemacht - jeder Schritt nach vorne verdient seine eigene Form der Anerkennung.

Ziele setzen und Erfolge verfolgen

Erreichbare Ziele halten die Dinge realistisch und motivieren uns, diese Ziele zu erreichen. Vielleicht möchten Sie jeden Tag ein Kapitel eines Buches lesen. Was passiert, wenn Sie jedes abgeschlossene Kapitel aufzeichnen? Sie sehen eine wachsende Liste von Erfolgen, die Ihnen entgegenblickt - ziemlich cool, oder? Ein wöchentliches oder monatliches Check-In kann helfen, diese Fortschrittsmarken im Blick zu behalten.

Persönliche Rituale schaffen

Das Entwerfen einiger persönlicher Rituale kann den Wachstumsprozess in etwas Besonderes verwandeln. Es könnte so einfach sein wie jedes Mal, wenn Sie ein Training abschließen, ein

Foto zu machen oder eine kurze Tagebucheintragung zu schreiben, wenn Sie ein schwieriges Gespräch besser gemeistert haben als zuvor. Das Benennen eines Rituals wie "Fantastische Freitage" oder "Dankbare Donnerstage" kann sie noch persönlicher erscheinen lassen.

"Das Ritual, das einem positiven Verhalten entspricht, wird zu seiner eigenen Belohnung."

Überlegen Sie:

- Entzünden einer Kerze am Ende jeder produktiven Woche, um Ihre harte Arbeit zu symbolisieren.
- Drei Dinge, auf die Sie stolz sind, vor dem Schlafengehen aufschreiben.
- Planen einer kleinen Belohnung nach Abschluss einer herausfordernden Aufgabe, wie das Backen von Keksen oder das Anschauen eines Lieblingsfilms.

Das Anfangen von Absätzen auf unterschiedliche Weise hält dies interessant.

Praktische Tipps für den täglichen Lebensstil

Sie brauchen keine große Zeremonie, um Ihre Erfolge zu kennzeichnen. Manchmal reicht es aus, innezuhalten, anzuerkennen und voranzukommen:

- Das anstrengende Projekt früher als erwartet abgeschlossen? Geben Sie sich selbst ein High Five, vielleicht gönnen Sie sich Ihren Lieblingssnack.
- Endlich mit einem Freund über etwas gesprochen, das Sie beschäftigt hat? Lächeln Sie sich im Spiegel an und erkennen Sie den Mut an, den es erfordert hat.
- Es geschafft, eine Woche lang gesünder zu essen? Schreiben Sie ein schnelles "Woohoo!" in Ihr Tagebuch.

Jeder Schritt bringt Sie näher dorthin, wo Sie sein wollen.

Anerkennung ist wertvoll

Sich selbst Anerkennung zu geben, fördert eine gesündere Denkweise. Seien wir stolz darauf, weniger Trainingstage zu verpassen und auf schwierige E-Mails zu antworten. Selbst das feststellen einer besseren Konzentration oder weniger Angst sagt Ihrem Gehirn sofort, dass gute Dinge passieren, was es wahrscheinlicher macht, sich an positive Gewohnheiten zu halten.

Kleine Momente führen zu großen Veränderungen, wenn wir sie schätzen. Selbst einen schweren Tag zu bewältigen, wie den Umgang mit starken Emotionen und das Überleben, zählt als Sieg.

Behandeln Sie Fortschritt als heilig und,

- Finden Sie Bedeutung in kleinen Siegen;
- Setzen Sie realistische, nachverfolgbare Ziele;
- Errichten Sie persönliche Rituale, die mit Wachstum in Resonanz stehen.

So einfach es auch klingen mag, der kumulative Effekt macht einen großen Unterschied. Jeder kleine Sieg ist wie eine Münze in einem Sparschwein - allein klein, aber in der Gesamtheit wertvoll. Also, feiern Sie die Siege und ehren Sie das Wachstum. Beachten Sie den Fortschritt, einen winzigen Meilenstein nach dem anderen.

Leben ohne ständiges Grübeln

Ein Leben ohne ständiges Grübeln ist nicht nur ein Traum; es ist machbar und kann mit etwas Anstrengung und Übung zur Realität werden. Ein Schritt, den du unternehmen kannst, ist die Praxis der Präsenz. Im Hier und Jetzt zu sein hilft sehr, wenn du dich dabei erwischst, in der Vergangenheit zu verweilen oder über die Zukunft zu sorgen. Anstatt deinen Gedanken in vergangene Zeiten schweifen zu lassen, nimm dir einen Moment (oder mehrere), um zu bemerken, was um dich herum ist. Was kannst du sehen, hören oder berühren? Sich auf diese Dinge zu konzentrieren, bringt dich zurück zu dem Ort, an dem du gerade bist... zu dem, was du in genau diesem Moment tust.

Wenn es um negative Gedanken geht, ist es so einfach, dass sie außer Kontrolle geraten. Vielleicht denkst du über etwas nach, das du vor einer Woche gesagt hast und wünschst, du hättest es nicht getan. Anstatt es in deinem Kopf herumwirbeln zu lassen, lenke diese Gedanken zu konstruktiven Handlungen um. Zum Beispiel könntest du:

- Joggen gehen oder Sport treiben, um Stress abzubauen und deine unmittelbare Umgebung zu verändern.
- Dich in eine kreative Tätigkeit vertiefen - wie Zeichnen, Kochen oder Gärtnern - die dir Spaß macht.
- Einen Freund anrufen oder eine Nachricht schreiben und über andere Dinge sprechen, um den Zyklus der Negativität zu durchbrechen.

Eine weitere äußerst effektive Taktik ist das Setzen von Grenzen bei auslösenden Situationen. Gibt es spezifische Ereignisse, Menschen oder Orte, die dazu führen, dass du zu viel über die Vergangenheit nachdenkst? Diese zu identifizieren ist der erste Schritt. Wenn das Durchscrollen von sozialen Medien negative Gefühle hervorruft... reduziere deine Bildschirmzeit oder entfolge bestimmten Accounts. Wenn bestimmte Personen dich immer runterziehen, beschränke deine Interaktionen mit ihnen oder diskutiere, wie ihr Handeln dich beeinflusst.

Jemand hat einmal gesagt,

"Was deinen Geist beherrscht, kontrolliert dein Leben,"

was zutrifft. Wenn du deine Gedanken mit positiven Dingen füllst, bleibt wenig Platz für vergangene Sorgen.

Wenn es schwierig erscheint, sich auf das Hier und Jetzt zu konzentrieren und deine Gedanken umzuleiten, erwäge diese Schritte:

Schritt 1: Verbinde dich mit deinen Sinnen

Achte auf kleine Dinge: den Geruch deines Kaffees, die Weichheit deiner Decke oder das Zwitschern der Vögel draußen.

Schritt 2: Verändere deine Routine

Manchmal macht ein Wechsel der Umgebung (eine andere Route gehen, dein Zimmer umstellen oder ein neues Café zum Abhängen finden) einen großen Unterschied.

Schritt 3: Setze klare Grenzen

Wenn ein gesellschaftliches Ereignis dich ängstlich macht, sag höflich nein. Wenn eine Aufgabe dich stressen, delegiere sie wenn möglich oder zerlege sie in kleinere Teile.

Der Kern des Lebens ohne ständiges Grübeln besteht darin, die Vergangenheit nicht über deine Gegenwart dominieren zu lassen. Ich verstehe, dass es nicht einfach ist, sich von alten Gewohnheiten zu lösen. Aber jeder winzige Schritt in der Praxis der Präsenz, der Umlenkung deiner Gedanken und dem Setzen von Grenzen summiert sich im Laufe der Zeit und hat einen bedeutenden Einfluss auf dein Wohlbefinden.

Stell es dir so vor: Jedes Mal, wenn ein negativer Gedanke versucht einzudringen, versuche eine kleine Handlung zu wählen, um dagegen anzugehen. Ob es das Zählen deiner Atemzüge ist oder das Öffnen eines Buches, das du liebst, das Hauptziel ist die Umlenkung dieser Energie. Der Umgang mit diesen Momenten, wenn sie auftauchen, lehrt dein Gehirn allmählich, dass du die Kontrolle hast.

Wichtig ist, mach diese praktischen Handlungen zu einer Gewohnheit. Es ist irgendwie wie Training; du wirst besser, indem du es konsequent durchführst. Bald wirst du mehr im Hier und Jetzt leben und eine Denkweise schaffen, in der Grübeleien keinen Platz haben, um hängenzubleiben. Wenn du solche Gewohnheiten zur Routine machst, fühlt sich das Leben spürbar leichter an... befreiender.

Willkommen in einem Leben ohne von der Vergangenheit gefangen zu sein oder von ängstlichem Grübeln! Vertrau mir, dir selbst dieses Geschenk zu machen, schafft so viel Platz für die neuen, positiven Dinge, die das Leben für dich bereithält.

Stärken Sie sich für zukünftige Herausforderungen

Die Bewältigung neuer Herausforderungen kann einschüchternd sein, aber mit der richtigen Einstellung ist es durchaus möglich. Die Konzentration auf die Pflege einer **Wachstumsmentalität** ist entscheidend. Diese Mentalität geht nicht darum, die ganze Zeit perfekt zu sein - niemand ist das -, sondern darum zu erkennen, dass Fähigkeiten durch harte Arbeit, gute Strategien und Input von anderen entwickelt werden können. Wenn Sie beispielsweise bei der Arbeit auf ein Problem stoßen, ist es natürlich, sich frustriert zu fühlen. Aber anstatt es als Misserfolg zu sehen, betrachten Sie es als Chance, etwas Neues zu lernen oder vorhandene Fähigkeiten zu verbessern. Es ist eine subtile Denkweise, aber mächtig.

Als nächstes sprechen wir über die Verbesserung der **Problemlösungsfähigkeiten** und die Anpassungsfähigkeit. Das Leben ist unvorhersehbar - Sie können nicht jeden Rückschlag voraussehen, aber Sie können besser darin werden, damit umzugehen. **Ein wichtiger Schritt** besteht darin, Probleme in kleinere, leichter zu bewältigende Teile zu zerlegen. Wenn Ihre Arbeitslast überwältigend erscheint, können Sie Aufgaben in kleinere Teile aufteilen und sie nacheinander angehen, um die gesamte Situation weniger beängstigend zu machen.

Visualisierung kann auch hier nützlich sein. Stellen Sie sich das Endergebnis vor, das Sie erreichen möchten, und arbeiten Sie rückwärts, um die erforderlichen Schritte zu identifizieren. Flexibilität ist ebenfalls wichtig. Pläne können sich ändern, Situationen können sich verkomplizieren - aber sich anzupassen, ohne die Nerven zu verlieren, ist eine Fähigkeit, die es wert ist zu schärfen. Denken Sie daran wie Gymnastik für Ihr Gehirn.

Auch das proaktive Stressmanagement ist entscheidend. Auf Stress zu warten, bis er sich aufgebaut hat, bevor Sie damit umgehen, kann sich negativ auf Ihre Gesundheit auswirken. Gesunde Gewohnheiten wie regelmäßige Pausen, Atemübungen oder sogar Gespräche mit einem Freund können einen großen Unterschied machen. Diese Gewohnheiten können wie Ihre Geheimwaffe sein und Sie darauf vorbereiten, mit Stress umzugehen, bevor er sich zu einem Problem entwickelt.

Erwägen Sie, diese Schritte zu unternehmen:

- **Erstellen Sie eine Routine**
  - Kontinuität kann den Geist beruhigen. Selbst einfache Routinen wie morgendliche Meditation oder abendliche Spaziergänge helfen, Sie zu erden.
  - Routine bedeutet nicht Steifheit - machen Sie sie flexibel genug, um Ihren Bedürfnissen gerecht zu werden, aber konsistent genug, um Stabilität zu fördern.
- **Praktizieren Sie Achtsamkeit**
  - Verbringen Sie jeden Tag ein paar Minuten damit, präsent zu sein. Ob durch Meditation oder einfach durch Abschaltung von Ablenkungen, um sich auf Ihre Sinne zu konzentrieren, Achtsamkeitsübungen verbessern die Klarheit.
  - Es ist nicht notwendig, im Schneidersitz zu sitzen und tief zu atmen; leben Sie einfach im Moment, achten Sie voll auf Ihre Handlungen und Umgebung.
- **Bleiben Sie körperlich aktiv**

- Körperliche Bewegung ist nicht nur gut für den Körper - sie erfrischt auch den Geist. Ob Yoga, Joggen oder sogar Tanzen im Wohnzimmer, finden Sie heraus, was Ihnen Spaß macht.
- Es ist interessant, wie das Auspowern die Angst reduziert und ein allgemeines Gefühl des Wohlbefindens steigert.

Ein großartiger Tipp, um eine proaktive Einstellung beizubehalten, stammt aus den weisen Worten:

"Seien Sie immer auf unerwartete Herausforderungen vorbereitet; es sind diese Momente, in denen das Lernen stattfindet."

Proaktives Stressmanagement bedeutet auch, Ressourcen zu suchen, bevor sie benötigt werden. Haben Sie eine Playlist oder einen Podcast, der Sie beruhigt, wissen Sie, welche Freunde Sie anrufen können, wenn es schwierig wird, und haben Sie einige Entspannungstechniken wie Tiefenatmung oder Muskelentspannung in Ihrem Werkzeugkasten.

Indem Sie an diesen Aspekten arbeiten, stärken Sie sich selbst, um stark zu bleiben, wenn die Dinge nicht wie geplant laufen. Wenn Sie weiterhin diese Mentalität entwickeln, Ihre Problemlösungstricks schärfen und Stress bewältigen, bevor er sich aufbaut, werden Sie besser auf zukünftige Herausforderungen vorbereitet sein.

Machen Sie also einen kurzen Spaziergang, genießen Sie Ihren Morgenkaffee mit voller Achtsamkeit, schalten Sie Ihren Lieblingspodcast ein, beginnen Sie damit, Ihre Trick- und Technikwerkzeugkiste zu arrangieren - kleine Anpassungen wie diese können im Laufe der Zeit enorme Fortschritte bewirken... und bevor Sie es wissen, bewältigen Sie nicht nur - Sie gedeihen.

Klingt es nicht gut, sich bereit für die Unvorhersehbarkeiten des Lebens zu fühlen? Es geht darum, dass die kleineren Anstrengungen zu größeren Ergebnissen führen. Kurz gesagt, pflegen Sie diese Wachstumsmentalität, schärfen Sie Ihre Fähigkeit, Probleme zu lösen und flexibel zu bleiben, und gehen Sie stressproaktiv vor.

Viel Erfolg beim Lernen.

Ressourcen für kontinuierliches Wachstum

Es ist immer gut, Bücher und Literatur über **emotionale Widerstandsfähigkeit** und **Selbstverbesserung** zu suchen... Es ist wie Mentoren direkt in deinem Bücherregal zu haben, die dich führen, wann immer es nötig ist. Titel wie "The Obstacle Is the Way" von Ryan Holiday und "Radical Acceptance" von Tara Brach bieten wertvolle Einblicke in die Entwicklung einer stärkeren **emotionalen Ausdauer**. Wenn man mit der Vergangenheit ringt, können bestimmte Bücher sich fast wie die warme Hand eines Freundes anfühlen, die dich sanft zur Heilung führt.

Kurse und Seminare zur persönlichen Entwicklung sind ein weiterer guter Weg, um voranzukommen. Die Möglichkeit, sich Workshops wie "Unleash The Power Within" von Tony Robbins anzuschließen oder an Online-Plattformen wie den zahlreichen Kursen von Coursera zum Thema **mentales Wohlbefinden** teilzunehmen, bietet dir praktische Werkzeuge. Stell dir vor, was wäre, wenn ein einziger Workshop dir Mechanismen bieten könnte, um deinen Geist davon abzuhalten, sich immer wieder im Kreis um jede vergangene Fehler zu drehen? Manchmal verankern sich Ideen, die live präsentiert werden, mit greifbaren Übungen, die Botschaft noch stärker.

Dann gibt es die einfache Magie von **Unterstützungsgruppen**, die leicht zu finden sind, egal ob du in einer großen Stadt oder in einer kleinen Stadt bist. Gruppen wie diejenigen, die von örtlichen

Krankenhäusern, Gemeindezentren oder über Plattformen wie Meetup organisiert werden, bieten dir den Trost und die Solidarität gemeinsamer Erfahrungen. Fühlst du dich bereits überwältigt von vergangenen Erinnerungen oder Entscheidungen? Tritt einer dieser Gruppen bei, höre anderen zu, spüre das Gewicht, das du trägst, teile deinen Teil. Du könntest überrascht sein, wie leicht diese Last werden kann, wenn sie gelegentlich offen ausgesprochen wird.

Und unterschätze nicht professionellen Rat auf diesem Weg. Das Gespräch mit einem Therapeuten oder Lebensberater, der sich auf die Heilung von **emotionalen Wunden** oder **Achtsamkeit** spezialisiert hat, kann dir maßgeschneiderte Strategien zur Bewältigung von übermäßigem Nachdenken geben. Einen Therapeuten oder Berater zu finden, der sensibel auf die Feinheiten dieser zarten Punkte abgestimmt ist, kann sich fast so anfühlen, als hätte man einen Beschützer in einem unbekannten Wald gefunden.

Für wirklich dauerhafte Veränderungen ist es entscheidend, diese Empfehlungen in dein tägliches Leben zu integrieren. Nicht jede Quelle wird dich tiefgreifend und persönlich ansprechen, aber jede fügt etwas Einzigartiges zu deinem Repertoire hinzu. Bei der Betrachtung von **täglichen Handlungen** zur fortlaufenden Unterstützung:

- Erstelle einen Leseplan, der es dir ermöglicht, Abschnitte verschiedener Bücher in deine Morgen- und Abendroutine einzubeziehen.
- Melde dich mindestens alle paar Monate für ein neues Seminar oder einen Online-Kurs an. Behandle diese wie Fähigkeitsauffrischungen – wie Ölwechsel für deinen Geist und deine Emotionen.

"Manchmal wird das Leben dich testen – aber erinnere dich daran: Wenn du einen Berg hinaufsteigst, werden deine Beine stärker."

- Verpflichte dich, alle vierzehn Tage an einem Treffen einer Unterstützungsgruppe teilzunehmen. Selbst das einfache Zuhören ohne Beteiligung kann unerwartete Erleichterung bringen.

Einige effiziente Gewohnheiten sind einfach. Erkunde Literatur, schreibe dich in persönliche Entwicklungskurse ein, nimm an **Gruppenunterstützung** teil und suche professionelle Anleitung, wenn es wichtig erscheint. **Eine Mischung von Ressourcen zur Entwicklung emotionaler Weisheit zu gestalten, erfordert keinen extravaganten Aufwand – sondern konsequente, kleine Schritte.**

Denke an eine Person, deren **emotionale Ausgeglichenheit** du bewunderst – sie haben wahrscheinlich selbst eine Reihe von Selbstverbesserungstaktiken angenommen. Also, wähle dieses wirkungsvolle Buch, besuche diesen bedeutsamen Kurs, trete dieser unterstützenden Gruppe bei und konsultiere diesen weisen Profi. Jede Anstrengung hilft dabei, den Nebel zu lichten und die Freiheit eines Geistes zu bringen, der frei von unnötigem Nachdenken ist.

Sich wie du selbst zu fühlen, möglicherweise durch Anstrengung wunderbar verändert; ist das nicht eine Ressource, die es wert ist, verfolgt zu werden?

Lass uns praktisch werden!

Okay, also du hast Kapitel 9 über "Freiheit umarmen und vorwärts gehen" gelesen, und es ist an der Zeit, dieses Wissen in die Tat umzusetzen. Lass uns eine praktische Übung durchgehen, die alles miteinander verbindet - emotionale Widerstandsfähigkeit aufrechterhalten, Fortschritte feiern, ständiges Grübeln abschütteln, dich für zukünftige Herausforderungen stärken und Ressourcen für kontinuierliches Wachstum nutzen. Klingt gut? Lass uns gleich damit anfangen!

Schritt eins: Setze deine Absicht

Beginne damit, ein Tagebuch (oder etwas Papier) zu schnappen und darüber nachzudenken, **warum** du vorwärts kommen möchtest. Was ist dieser brennende Wunsch? Es könnte sein, gesündere Beziehungen zu schaffen, Frieden mit dir selbst zu finden oder diese selbst auferlegten Barrieren zu überwinden.

Schreibe es auf. Zum Beispiel:

„Ich möchte vorankommen, um erfüllendere Beziehungen zu haben."

Diese Absicht wird dir als dein Nordstern dienen.

Schritt zwei: Baue emotionale Widerstandsfähigkeit auf

Emotionale Widerstandsfähigkeit passiert nicht einfach über Nacht, richtig? Eine praktische, fortlaufende Übung ist die Verwendung von täglichen Affirmationen. Beginne damit, eine *Affirmation* auszuwählen, die mit deiner Absicht resoniert. Affirmationen können einfach, aber unglaublich kraftvoll sein.

Sage diese jeden Morgen laut:

- „Ich bin stark und kann alles bewältigen, was auf mich zukommt."
- „Ich habe meine Gedanken und Gefühle unter Kontrolle."
- „Jeden Tag auf jede Art und Weise werde ich immer besser."

Okay, hast du deine Affirmationen? Gut. Schreibe ein paar auf, die sich für dich richtig anfühlen, und wiederhole sie konsequent.

Schritt drei: Feiere deine Erfolge, groß und klein

Du bewegst dich wahrscheinlich gut voran, auch wenn du es vielleicht nicht realisierst. Das Feiern von Fortschritten ist nicht nur für große Meilensteine gedacht - auch die kleinen Siege zählen.

Erstelle eine "Feierliste". Jedes Mal, wenn etwas Gutes passiert, egal ob groß oder klein, notiere es dir.

Beispiele sind:

- „Habe mich mit einem Freund in Verbindung gesetzt, den ich vermieden habe."
- „Habe diese Woche mehr Ruhe und weniger Angst empfunden."

Am Ende der Woche überprüfe diese Liste. Belohne dich! Es könnte so klein wie eine Tasse Kaffee sein oder so aufregend wie ein Tagesausflug an einen besonderen Ort.

Schritt vier: Reduziere ständiges Grübeln

Grübeln ist ein hinterhältiger Teufel, der immer lauert - glaub mir. Hier ist der Deal: Wenn du merkst, dass diese Gedanken einsickern, habe ein *Mantra* bereit, um den Fokus zu verlagern. Ein einfaches und effektives Mantra lautet:

* „Stopp. Ich habe jetzt die Kontrolle."

Zusätzlich praktiziere Achtsamkeit. Nimm dir Zeit (sagen wir, 5-10 Minuten) für einige tiefe Atemzüge oder eine Achtsamkeitsmeditations-App. Diesen mentalen Nebel zu lichten ist wie ein Reset-Knopf.

Schritt fünf: Befähige dich für zukünftige Herausforderungen

Das Leben wirft jedem gelegentlich einen Kurvenball zu - die Kunst ist, bereit zu sein, zu schlagen. Stärke dich, indem du einen "Befähigungsplan" erstellst. Skizziere, was du in herausfordernden Situationen tun sollst.

Beispiel:

*Situation: „Überwältigt von der Arbeit."

*Plan: „Tiefe Atemzüge nehmen, Aufgaben auflisten und eins nach dem anderen angehen."

Visualisiere das Überwinden von Herausforderungen mit Stärke und Anmut. Übe diesen Plan mental, damit er zur zweiten Natur wird.

Schritt sechs: Ressourcen für kontinuierliches Wachstum

Das Leben ist eine kontinuierliche Lernkurve! Halte eine Liste von Ressourcen wie unterstützende Freunde, Therapie, motivierende Podcasts oder Bücher bereit. Verpflichte dich, mindestens eine Ressource pro Woche oder Monat zu nutzen, um weiter zu wachsen.

Erstelle eine Mini-Bibliothek (physisch oder digital) dieser Hilfsmittel. Beispiele:

*Podcast: „The Calm Collective."

*Buch: „Jetzt! Die Kraft der Gegenwart" von Eckhart Tolle.

Indem du diese Werkzeuge griffbereit hast, bist du immer mit der richtigen Ausrüstung für die emotionale Pflege ausgestattet.

Nun, gehe jeden dieser Schritte Tag für Tag durch. Halte deinen Nordstern (Absichten) nah bei dir. Du strebst nicht nach Perfektion - nur nach konsequenten Schritten nach vorne.

Bleibe geerdet, bleibe gefeiert und halte dieses innere Kraftgefühl am Leben. Genieße die Fahrt - du machst das großartig.

Fazit

"Du musst deine Gedanken nicht kontrollieren. Du musst nur aufhören, dass sie dich kontrollieren." — Dan Millman

Und so, lieber Leser, haben wir die abschließenden Worte von "Die Kraft des Loslassens" erreicht. Dieses Buch hat dich durch das Labyrinth des übermäßigen Denkens und emotionaler Verletzungen geführt und gezeigt, wie sie dich davon abhalten, die Freiheit zu erlangen, die du wirklich verdienst.

In **Teil 1: Das Verstehen der Ketten** haben wir die Fallen des übermäßigen Denkens und die endlosen Schleifen, die damit einhergehen, identifiziert. Die Rolle des inneren Kritikers wurde aufgedeckt—oft ist er unser strengster Richter. Das Erkennen des enormen emotionalen Tributs, der durch das Wiederholen der Vergangenheit entsteht, ebnete den Weg für uns, die Symptome zu bemerken und vor allem diesen hinterhältigen Kreislauf zu durchbrechen.

Angst und Sorge—zwei Erbsen in einer Schote mit übermäßigem Denken—offenbarten ihre psychologischen Wurzeln und wie sie sich mit unseren zirkulären Gedanken verflechten in Kapitel 2. Das Aufzeigen ihrer Ursprünge gab uns die Kraft, sie mit fundierten Anfangsstrategien zu beginnen zu managen.

Kapitel 3 brachte uns mit emotionalen Verletzungen konfrontiert, half uns zu erkennen, wie vergangene Verletzungen unsere aktuellen Gedanken formen. Trotz der Negativität liegt das Highlight hier in der Anerkennung und dem Verständnis, dass **Heilung mit einem einzigen kleinen Schritt beginnt.**

Der Übergang zu **Teil 2: Vorbereitung auf Veränderung** wurde durch Kapitel 4 eingeleitet, das uns Selbstwahrnehmungstechniken vorstellte. Indem wir unsere Denkmuster erkennen und kognitive

Verhaltenstherapie (KVT)-Werkzeuge zur Selbstreflexion nutzen, setzen wir realistische (und machbare) Ziele für die Genesung.

Das Umformen und Umstrukturieren von Gedanken, wie in Kapitel 5 erforscht, lehrte verschiedene Techniken für positive Selbstgespräche und kognitive Umstrukturierung. Die Anwendung dieser täglichen Routinen hilft dabei, unsere internen Skripte zum Besseren umzuschreiben.

In Bezug auf **emotionale Regulation**, bot Kapitel 6 entscheidende Bodenungstechniken und Therapieprinzipien, die jeder nutzen kann, um ihren mentalen Zustand zu stabilisieren—wodurch die Entwicklung einer belastbaren emotionalen Disziplin ermöglicht wird.

Das Praktizieren des Loslassens—der Höhepunkt in Teil 3 unserer gemeinsamen Reise—begann mit den Techniken für sofortige Erleichterung in Kapitel 7. Diese sind die unmittelbaren Stützpfeiler, auf die man sich stützen kann, wenn die Routine schwierig wird.

Kapitel 8 stellt sicher, dass die von uns vorgenommenen Veränderungen nachhaltig sind, durch konsequente Gewohnheiten und das Erinnern an personalisierte Bewältigungspläne, die im Laufe der Zeit umgesetzt werden.

Schließlich verkündet Kapitel 9, dass ein Leben ohne ständiges Grübeln eine neu gewonnene Stärke bringt und unsere Verbindung zu einer positiveren und hoffnungsvolleren Zukunft wiederbelebt. Das Aufrechterhalten emotionaler Widerstandsfähigkeit, das Feiern selbst des kleinsten Fortschritts und die Verstärkung der Strategien dieses Buches sind entscheidend für das kontinuierliche Wachstum.

Mit meinem Abschied hoffe ich, dass du diese Lektionen mit dir trägst: Reflektiere oft, handle mutig und finde Freude an der neu gewonnenen emotionalen Freiheit. Mögest du weiterhin heilen, wachsen und ein Leben genießen, das weniger von den Schatten der Vergangenheit belastet ist. Auf eine friedliche und achtsame

Zukunft... in der du die Kraft hast, nicht zu viel nachzudenken und die Freiheit, die du verdienst, wirklich zu umarmen...

Sichere und erleuchtende Reisen voraus (von meinem Herzen zu deinem).

Werden Sie Teil meines Review-Teams!

Vielen Dank, dass Sie mein Buch mitgenommen haben. Ihre Unterstützung bedeutet mir sehr viel! Ich habe eine besondere Einladung für Sie. Wenn Sie leidenschaftlich gerne lesen und gerne eine kostenlose Kopie meines Buches erhalten möchten, würde ich mich freuen, wenn Sie meinem **Review-Team** beitreten würden.

So können Sie beitreten:

- Klicken Sie auf den Link oder scannen Sie den QR-Code.
- Klicken Sie auf das Buchcover auf der geöffneten Seite.
- Klicken Sie auf "Review-Team beitreten".
- Melden Sie sich bei **BookSprout** an.
- Erhalten Sie Benachrichtigungen, jedes Mal wenn ich ein neues Buch veröffentliche.

Schauen Sie sich das Team hier an:

https://pxl.to/LoganMind

Holen Sie sich Ihr kostenloses Buch!

Als Dankeschön für den Kauf von "Die Macht des Loslassens" freue ich mich, Ihnen eine weitere wertvolle Ressource völlig KOSTENLOS anzubieten. **Erkunden** Sie "Emotionale Intelligenz für sozialen Erfolg" und steigern Sie Ihren **Weg** zu emotionalem Wohlbefinden.

In diesem Angebot werden Sie erhalten:

- Einblicke in das effektive Management von Emotionen in sozialen Umgebungen
- Strategien zur Verbesserung Ihrer sozialen Fähigkeiten und zum Aufbau bedeutungsvoller Verbindungen
- Techniken zum Erkennen und Ansprechen der Emotionen anderer
- Praktische Tipps zur Reduzierung von Angst in sozialen Situationen
- Anleitung zur Verbesserung von Selbstwahrnehmung und Selbstregulierung

Wenn Sie bestrebt sind, Ihre sozialen Interaktionen und emotionale Widerstandsfähigkeit zu verbessern, stellen Sie sicher, dass Sie dieses kostenlose Buch erhalten.

So geht's:

- Folgen Sie dem unten stehenden Link
- Klicken Sie auf KOSTENLOSES Buch
- Wählen Sie Ihre Sprache
- Downloaden!

Um Ihr kostenloses Buch sofort zu erhalten, besuchen Sie:

www.ingramcontent.com/pod-product-compliance
Lightning Source LLC
Chambersburg PA
CBHW051732020426
42333CB00014B/1269